Mentes desconectadas.
Salvando a nuestros niños de la trampa de las redes sociales

PUBLICADO POR Jordan C. Harper

Copyright © 2024 Todos los derechos reservados.

Tabla de contenido

Parte 1. Entendiendo la epidemia

Capítulo 1. La adopción de las redes sociales y los teléfonos móviles

Tal vez la característica más distintiva del primer cuarto del siglo XXI haya sido el repentino auge de las redes sociales y la casi ubicuidad de los teléfonos móviles y otros dispositivos. En pocas décadas, han pasado de ser maravillas tecnológicas a ser herramientas cotidianas para miles de millones de seres humanos. La tentación y el peligro de las redes sociales son a veces más agudos para los padres jóvenes de hoy. Los niños pequeños se lanzan a las tabletas sin esfuerzo y exigen los teléfonos móviles más nuevos antes de que la mayoría de ellos llegue a la escuela secundaria. La provisión casi instantánea de amigos, entretenimiento e información interminable puede parecer beneficiosa a primera vista, pero esos dispositivos plantean una nueva serie de problemas, especialmente para los cerebros en desarrollo de nuestros niños.

En este capítulo, aprenderemos sobre los inicios de las redes sociales, cómo han evolucionado las diferentes plataformas y cómo la revolución de los teléfonos inteligentes ha hecho que las redes sociales hayan pasado de ser un nuevo pasatiempo a una parte normal de la comunicación diaria. También analizaremos algunas estadísticas pertinentes sobre la omnipresencia de las redes sociales y los teléfonos inteligentes entre los niños y adolescentes. Si los padres pueden ver cómo llegamos a este punto de inflexión cultural, podrán comprender mejor la magnitud de la era digital y por qué es necesario prestarle especial atención a este tema.

El ascenso de las redes sociales

Es difícil imaginar la existencia de un mundo anterior a las redes sociales, teniendo en cuenta su lugar en la vida contemporánea. Sin embargo, la idea de utilizar sitios de redes sociales para conectarse comenzó incluso antes de que se lanzara el primer teléfono inteligente. Ya en la década de 1990, los foros de Internet y las salas de chat como AOL Instant Messenger ofrecían comunicación instantánea en el mundo digital. Estas salas de chat eran una comunidad basada en texto, con computadoras personales y conexiones por acceso telefónico que rara vez eran instantáneas. Este aspecto interactivo era nuevo y emocionante, pero estaba limitado por el diseño primitivo de la infraestructura de Internet en sus inicios.

A finales de los años 90 y principios de los 2000, a medida que Internet se fue extendiendo, surgieron los sitios web de redes sociales. Six Degrees, por ejemplo, se puso en marcha por primera vez en 1997, y los miembros creaban perfiles y hacían amigos. Por eso, el sitio tomó su nombre de la idea de los "seis grados de separación", como si todo el mundo existiera a través de un vínculo muy corto de amigos. Six Degrees nunca fue un gran éxito, pero sentó las bases para ofertas posteriores más refinadas, como Friendster y MySpace. A principios y mediados de los años 2000, estos sitios web permitían a los usuarios no sólo ver a sus amigos, sino también personalizar sus espacios con canciones, imágenes y publicaciones de blogs, y crear una sensación de identidad y lugar en línea.

Las redes sociales se convirtieron en algo común en 2004 con la introducción de Facebook (al principio, limitado a los estudiantes de Harvard, luego a otras universidades y, finalmente, al público en general). Con el tiempo, la interfaz y la conectividad de Facebook evolucionaron para volverse más fáciles de navegar, lo que permitió a las personas publicar actualizaciones, imágenes e incluso comentarios en las páginas de los demás con más facilidad que nunca. Twitter llegó en 2006 con la nueva innovación del microblogging (el uso de un límite fijo de caracteres para alentar actualizaciones rápidas y breves). Estos sitios fueron importantes porque la comunicación en línea se convirtió en un pasatiempo global, no solo local. Todas las edades y orígenes eran bienvenidos, pero seguía siendo algo que los adolescentes y los adultos podían hacer en sus propias computadoras.

Para los niños, estas primeras versiones de las redes sociales eran prácticamente imposibles, o al menos estaban destinadas a serlo, dados los límites de edad que muchos sitios imponían ostensiblemente. Pero las semillas de una cultura en línea ya estaban bien sembradas y, a medida que las aplicaciones de las redes sociales iban modificando funciones e interfaces, el cambio era, de hecho, inminente.

La revolución de los teléfonos inteligentes

Los teléfonos inteligentes fueron los que trajeron el segundo gran cambio en la evolución de las redes sociales, con el lanzamiento del primer iPhone en 2007. Aunque las Blackberries habían hecho que el correo electrónico y la mensajería móviles fueran cosa del pasado, el iPhone revolucionó la informática móvil. La pantalla táctil, el ecosistema basado en aplicaciones y la facilidad de uso hicieron que el acceso a Internet móvil fuera más barato. De repente, cualquiera podía estar en la web, no sólo desde un ordenador de sobremesa o portátil, sino desde cualquier lugar.

La App Store inundó el pool de desarrollo y en 2008 se crearon aplicaciones dedicadas a las redes sociales. Facebook, Twitter y, con el tiempo, Instagram y Snapchat crearon interfaces de aplicaciones que se adaptaban a los teléfonos inteligentes. Las redes sociales se volvieron accesibles con solo pulsar un botón, lo que impulsó a los usuarios a consultar sus feeds con más frecuencia y a mantenerse conectados durante todo el día. En lugar de necesitar una audiencia frente a una computadora, las personas podían responder notificaciones, cargar fotos y conversar en tiempo real.

Los adolescentes y los niños con teléfonos inteligentes (que sus padres habían adquirido por razones de seguridad, por ejemplo, porque querían mantenerse en contacto después de la escuela) no solo tenían acceso a llamadas telefónicas y mensajes de texto, sino a comunidades en línea enteras. Los mensajes no dejaban de llegarles, formando un mundo en el que lo online y lo offline se volvían confusos. A medida que los teléfonos móviles se fueron haciendo cada vez más omnipresentes, era más probable encontrarse con alguien que tuviera un teléfono que alguien que no lo tuviera.

Para la mayoría de los padres, la compra de un teléfono inteligente para su hijo se basó en la comodidad : trabajos de tiempo completo, deportes después de la escuela, la necesidad de programar recogidas o atender una emergencia. Algo que inicialmente era útil se convirtió rápidamente en un dispositivo de entretenimiento. Los niños encontraron juegos, canciones y aplicaciones de redes sociales, convirtiéndose en participantes de mundos virtuales que evolucionaron rápidamente para captar su atención con algoritmos personalizados y bucles infinitos.

Parte integral de la vida diaria

Las redes sociales son una de las aplicaciones más utilizadas. TikTok, por ejemplo, se hizo popular entre los jóvenes, que pasaban más de una hora al día viendo videos cortos. Instagram sigue siendo el rey de las fotos compartidas, con adolescentes que suben instantáneas de la vida cotidiana, y Snapchat es la que más se usa para las fotos desenfadadas, pensadas para perderse en 24 horas. Todas las plataformas anuncian varias ventajas únicas; sin embargo, todas poseen el mismo activo sonoro: pueden conectarse continuamente con su audiencia a través de notificaciones, actualizaciones de feeds y publicaciones algorítmicas.

Además, los datos muestran que más del 90% de los adolescentes en los Estados Unidos tienen un teléfono inteligente y la mayoría de los adolescentes usan al menos un sitio de redes sociales cada día. Es inquietante que muchos (una cuarta parte de los encuestados en algunos estudios) digan que piensan que pasan demasiado tiempo en sus dispositivos, lo que tal vez refleje una sensación implícita de uso excesivo o adicción. Esto plantea un problema grave para los padres . Si los propios hijos piensan que pasan demasiado tiempo en línea, ¿por qué les resulta tan difícil dejar de usarlos? Parte de la solución está en la ingeniería de estas plataformas.

¿Por qué las redes sociales se han vuelto tan comunes?

No es casualidad que las redes sociales hayan aparecido en escena. Estos sitios web se basan en algoritmos avanzados para atraer y retener a los usuarios. El botón "Me gusta" de Facebook, lanzado en

2009, fue revolucionario. Ofrecía una respuesta inmediata a un usuario, disculpas instantáneas o comentarios de amigos y desconocidos. Lo mismo hicieron Instagram, Twitter y otras plataformas con un tipo similar de mecanismo de participación (corazones, compartir, retuitear, etc.). Este sistema de "recompensa", que es un sistema de recompensa psicológica anticuado, es especialmente atractivo para los niños impresionables.

En el fondo, las redes sociales explotan las necesidades humanas innatas: inclusión, identidad y reconocimiento. Estos sitios pueden resultar embriagadores para los adolescentes y los niños en la fase crucial de su creación personal. Pueden jugar con diferentes aspectos de sí mismos en un espacio aparentemente seguro, obtener opiniones y desarrollar su yo en línea. Esto tiene un precio. Cuando gran parte de su identidad proviene de lo digital, cuando los "me gusta" y los comentarios pueden ser temporales y endebles, es fácil caer en una espiral descendente de validación externa.

Además, con la proliferación de los teléfonos inteligentes se aceleró la cantidad de contenido. Los videos, memes y desafíos se vuelven virales en cuestión de horas. Estas modas en línea pueden ser un mal tan necesario para los niños que pueden sentir que deben seguirlas. Cuando el tema en la escuela es el último video o meme viral, los que no participan pueden sentirse excluidos.

Aparte de la coerción, la naturaleza móvil e individual del teléfono inteligente permite un acceso casi constante. Los niños pueden navegar por Instagram mientras están en el auto, por Snapchat en casa de un amigo y por YouTube al final del día, sin que casi nadie los esté mirando por encima del hombro. Las generaciones mayores pueden recordar un tiempo claramente "en línea" y "fuera de línea" (por ejemplo, sentados frente a una computadora de escritorio, esperando el acceso telefónico, etc.), pero los niños y adolescentes de hoy viven en un mundo fluido en el que lo virtual y lo físico evolucionan sin descanso.

Desafíos para los padres jóvenes

Las redes sociales y los teléfonos inteligentes se han convertido en una fuente de libertad y de miedo para los padres de esta generación. Por un lado, podemos utilizar la tecnología para estar conectados, para educarnos, para que nuestros hijos jueguen a juegos de aprendizaje. Por otro lado, plantea muchas preguntas: ¿Se vigila a los niños cuando son demasiado pequeños? ¿Es un problema el acoso cibernético? ¿Cómo podrían los padres controlar o gestionar todas las plataformas de redes sociales?

Otro obstáculo es que la mayoría de los padres no tienen estas tecnologías como propias. Pueden estar perdidos en su propio camino, conociendo las nuevas aplicaciones solo cuando sus hijos ya se han acostumbrado a ellas. Por lo tanto, cuando se enteran de la plataforma, es posible que ya esté arraigada en el grupo de pares de sus hijos. Además, los estilos de las redes sociales cambian rápidamente y lo que está de moda un mes puede pasar a manos de otro al mes siguiente. La rotación es un estado constante de ponerse al día para los padres bien intencionados.

La complejidad surge del hecho de que las publicaciones en las redes sociales no siempre son neutrales o inofensivas. Es común encontrar plataformas que son criticadas por una moderación inadecuada y pueden terminar mostrando a los niños imágenes que no quieren ver, o que contienen violencia o propaganda. Como Internet es infinito, los niños pueden descubrir algo que está más allá de sus capacidades, desarrollando una cosmovisión temprana o dándoles ideas de adultos para las que no están preparados.

Sin embargo, desde el punto de vista psicológico, es importante reconocer que el cerebro de los niños, especialmente la corteza prefrontal, que regula los impulsos y la toma de decisiones, no está completamente formado. El escapismo y la estimulación constante de las redes sociales abruman el desarrollo cognitivo temprano y refuerzan hábitos nocivos o generan adicciones que recuerdan a la adicción a sustancias. Es posible que los propios padres nos den la sensación de que algo no va bien y de que nuestro hijo tiene un estado de ánimo o un comportamiento diferente, pero no podemos explicarlo.

Cambios en las normas culturales

Los teléfonos inteligentes y las redes sociales no solo han acelerado las prácticas individuales, sino también las prácticas culturales. Las cenas familiares, que antes eran un momento de conversación y conexión, ahora están abarrotadas de múltiples pantallas. Los niños pueden estar viendo un video debajo de la mesa, los padres revisando correos electrónicos del trabajo y los hermanos enviando mensajes de texto a sus compañeros al otro lado de la habitación. Este cambio puede ser disruptivo, ya que las conversaciones de la vida real se ven obstruidas por distracciones en línea.

Además, los niños también están siendo criados por "estrellas" de las redes sociales e influencers, que ganan dinero y fama compartiendo instantáneas de sus vidas. La dicotomía entre diversión y sueños reales puede desmoronarse para las mentes jóvenes impresionables. Donde los niños podían idolatrar a las estrellas de cine o a los deportistas, hoy admiran a los YouTubers, TikTokers e Instagrammers que presentan versiones editadas o dramatizadas de experiencias diarias. Este cambio puede crear exigencias en cuanto a la imagen corporal, expectativas de estilo de vida y comparaciones que simplemente no existían en el mismo nivel para las generaciones anteriores.

Así, la noción de capital social, que antes estaba vinculada a un logro en la vida real, tiene una trayectoria paralela en Internet, en forma de "me gusta", seguidores e interacción. Los niños pueden entrar en una especie de carrera perpetua por la popularidad, en la que el premio es cuántas visitas consiguen por un vídeo o cuántas "rachas" tiene en Snapchat. Si a eso le sumamos un bombardeo constante de anuncios y publicidad, podemos perder de vista la realidad de un niño y caer presa del consumismo y de las métricas de autoevaluación.

El camino por delante

La única manera de resolver los problemas que causan las redes sociales y los dispositivos móviles es comprender cómo lograron su popularidad generalizada. Estas tecnologías no aparecieron así como así, sino que surgieron de la necesidad de estar conectados, accesibles y de expresarse. Pero también tienen efectos secundarios, especialmente para las mentes jóvenes.

Los padres que comprenden mejor la historia y el funcionamiento de las redes sociales estarán mejor preparados para entablar un diálogo productivo e informado con sus hijos. Cuando los padres comprendan cómo las redes sociales permean nuestra vida diaria, podrán ver los dilemas de los niños con mayor claridad. En lugar de encogerse de hombros y tratar las redes sociales como algo irrelevante o un simple juego, es importante señalar que, para la mayoría de los niños, sus redes sociales en línea son tan "reales" como las que tienen en la vida real, y a veces incluso más.

Sin embargo, el camino no es tan blanco o negro. La concienciación está creciendo. Muchas escuelas ahora incorporan alfabetización digital y capacitación en etiqueta en línea. Las innovaciones tecnológicas también son prometedoras. Los controles parentales y las aplicaciones de tiempo de pantalla pueden ayudar a las familias a regular el uso, e incluso las plataformas de redes sociales a veces ofrecen funciones para promover el consumo saludable. Incluso los gigantes tecnológicos que alguna vez defendieron la conectividad sin restricciones han admitido abiertamente la adicción a las pantallas y la protección de datos, lo que ha llevado a conversaciones más amplias sobre cómo construir un mundo en línea más saludable.

En las próximas páginas, exploraremos la psicología que explica por qué las redes sociales son tan atractivas, al menos para los niños, y qué sucede dentro del cerebro de un niño cuando estas plataformas se convierten en una parte integral de su vida diaria. Analizaremos las implicaciones sociales de lidiar con tecnologías que emergen rápidamente en las escuelas, las familias y las comunidades. Pero lo más importante es que encontraremos formas y métodos para romper los ciclos que podrían ser tan destructivos, para que los padres y los niños puedan disfrutar de las bendiciones de la modernidad conectada sin caer presas de su fealdad.

Se trata de un acontecimiento multidimensional y complejo que ha transformado la forma en que todos vivimos, aprendemos e interactuamos. En pocas décadas, hemos pasado de las primeras salas de chat de Internet y los rudimentarios teléfonos móviles a las modernas redes sociales que contienen miles de millones de usuarios diarios. Son los niños, quizás incluso más que cualquier otra persona, quienes están en el centro de esta revolución. Sus cerebros en evolución y sus identidades sociales están condicionados por un mundo de enorme potencial y enorme amenaza.

Y para los padres jóvenes, es una realidad que puede resultar un poco desalentadora. Los servicios cambian rápidamente, las reglas de uso cambian todo el tiempo y las demandas de proporcionar a los niños los dispositivos más nuevos son abrumadoras. Pero es importante conocer la historia y la influencia contemporánea de las redes sociales. Nos prepara para comprender la razón por la que estas plataformas son tan influyentes en los niños y adolescentes, y nos recuerda que debemos relacionarnos con ellas de manera consciente.

En los próximos capítulos, nos aventuraremos más allá de la historia y la cultura para adentrarnos en los efectos psicológicos, las consecuencias para el desarrollo y las ramificaciones sociales. También comenzaremos a responder las preguntas que muchos padres suelen plantear: "¿Cómo podemos asegurarnos de que nuestros hijos crezcan en un mundo digital sin desconectarse del mundo real?". Con investigaciones, consejos de expertos y experiencias de primera mano, guiaremos a los padres hacia los pasos correctos para adoptar mejores hábitos digitales y mejores experiencias fuera de la pantalla.

No se trata de demonizar las redes sociales ni los teléfonos, que son dispositivos increíblemente útiles que, si se utilizan de manera responsable, pueden aportar un enorme valor a nuestras vidas. En cambio, se trata de aceptar que su difusión ha sido tan rápida que hemos perdido el contacto con el grado en que pueden hacer daño , especialmente a los cerebros jóvenes y vulnerables. Los padres pueden apoyar a sus hijos en este terreno en línea si son conscientes, reflexivos y se comunican con ellos. Cuando vemos dónde hemos estado y hacia dónde vamos, preparamos el terreno para que la próxima generación se beneficie de las redes sociales sin verse saturada por ellas.

Capítulo 2. Las redes sociales y su impacto psicológico

Facebook ha revolucionado la forma en que nos comunicamos, exploramos el mundo y nos relacionamos. Y, si bien puede unir a las personas (sobre todo al ampliar físicamente nuestras distancias y permitirnos conectarnos con amigos y seres queridos), también conlleva costos psicológicos significativos, en particular entre los niños y adolescentes. En términos de impactos, hay tres áreas principales de preocupación: la omnipresencia del FOMO (miedo a perderse algo) y la ansiedad asociada a él; el poder adictivo de los "me gusta" y las notificaciones; y cómo la afirmación en línea triunfa (y a veces rivaliza) sobre los vínculos interpersonales. Al explorar cada una de estas facetas, los padres pueden aprender más sobre los riesgos para la salud mental que resultan del uso de las redes sociales y cómo alentar a sus hijos a adoptar comportamientos digitales más saludables.

FOMO y su relación con el miedo

El auge del FOMO

Aunque nadie ha tenido miedo de perderse un evento o de quedarse fuera de eventos sociales importantes, las redes sociales han llevado esta ansiedad a nuevas alturas. FOMO, o Fear of Missing Out (miedo a perderse algo), es el temor omnipresente de que otros puedan estar teniendo experiencias gratificantes mientras que tú no. Facebook permite un flujo casi continuo de feeds, fotos de amigos pasando el rato, noticias de una nueva relación e incluso noticias cotidianas mundanas. Para un niño o adolescente que sigue este tipo de publicaciones, cada notificación puede parecer una alerta de algo más que está sucediendo en el mundo y en lo que no está involucrado.

¿Por qué están expuestos los niños y adolescentes?

Los niños están atravesando cambios emocionales y sociales cruciales. La aceptación y el sentido de pertenencia de los compañeros son fundamentales para una autoestima saludable durante la infancia y la adolescencia. Cuando un niño observa que sus amigos se alejan de él, puede sentir sentimientos de alienación, inferioridad o envidia. Incluso cosas que no parecen tan serias para un adulto, como ver una foto grupal de una fiesta familiar de fin de semana, pueden parecerle un desastre social a un adolescente. Esta sensación perpetua de estar "fuera del juego" puede generar ansiedad, irritabilidad y depresión, en particular en niños que ya son susceptibles a la ansiedad social.

Acceso las 24 horas

No es natural cruzar la línea con las redes sociales. Un niño puede recibir actualizaciones o descubrir que sus amigos se comunican a través de un mensaje grupal en cualquier momento, por la mañana, por la noche, los fines de semana o los días festivos. Este acceso hace que el FOMO se sienta como una molestia constante e implacable. A veces, los niños incluso intentan permanecer despiertos más tiempo para recibir mensajes de texto a altas horas de la noche o chatear en grupo. Irónicamente, esto hace que duerma mal y luego altera la regulación emocional, lo que provoca estrés y ansiedad.

Consecuencias físicas y emocionales

Más allá del insomnio, la ansiedad FOMO se presenta de muchas formas.

1. **Aislamiento social** . Por temor a sentirse inadecuados o no ser bienvenidos, los niños pueden retirarse por completo de la escuela o de la vida social.

2. **Problemas con el personal docente** . La ansiedad y la impulsividad que surgen del FOMO afectan negativamente la concentración y reducen el rendimiento académico.

3. **Actividad viciosa** . En casos extremos, el deseo de "ser parte" o de participar en una actividad popular puede motivar a los adolescentes a tomar acciones riesgosas, como robar una habitación o beber en casa de sus hijos menores de edad, para obtener una ventaja.

Reconocer y abordar el FOMO

En el caso de los niños, los padres pueden recordarles que el miedo a perderse algo no es saludable, creando el marco para conversaciones honestas con ellos sobre las redes sociales. Recordarles que las plataformas suelen mostrar fotos editadas (en lugar de momentos sociales reales y crudos) puede ayudar a reducir el dolor emocional de presenciar momentos sociales "perfectos". Además, un cronograma colectivo de uso de dispositivos (como apagar los teléfonos antes de acostarse) también puede mitigar la ansiedad nocturna y restaurar la sensación de autonomía de los niños sobre sus vidas digitales.

La adicción a los "me gusta", los "compartir" y las notificaciones

Validación instantánea

Las plataformas de redes sociales suelen estar construidas en torno a un sistema de recompensas sin fin. Cuando un niño sube una foto o una actualización de estado, puede recibir una lluvia de me gusta, corazones, comentarios o lo que sea. Esta reacción inmediata es **adictiva** . Desde un punto de vista psicológico, cada "me gusta" crea una pequeña cantidad de **dopamina** en el cerebro que le da al niño una sensación de felicidad o logro. Con el tiempo, se vuelven dependientes de este efecto de aumento de dopamina y recurren a las redes sociales para replicar el placer.

El papel de la dopamina

Asociamos la dopamina con el placer y la recompensa en el cerebro. Las adicciones tradicionales, la adicción a las drogas o el juego funcionan a lo largo de circuitos neurocientíficos similares. Aunque la adicción a las redes sociales no es oficialmente un trastorno clínico como el abuso de sustancias, los investigadores y los psiquiatras reconocen cada vez más las similitudes. Si un niño recibe múltiples dosis de dopamina de las redes sociales, por ejemplo, puede desarrollar una especie de tolerancia. Si ya no obtiene el mismo "subidón" con unos pocos "me gusta", puede intentar publicar más a menudo o experimentar con nuevas formas de atraer la atención.

El ciclo de esperar y pagar

Por diseño, las alertas son impredecibles. Un niño puede abrir una aplicación y ver que suceden muchas cosas nuevas o ninguna . Esta incertidumbre se canaliza hacia lo que los psicólogos denominan "recompensas variables", el mecanismo bien estudiado en el juego de tragamonedas. Saber que su próxima publicación no se convertirá en una sensación viral o cuántos "me gusta" obtendrá mantiene a los niños (y adultos) atados a las pantallas. Se desplazarán y desplazarán por las redes sociales para ver si apareció un nuevo comentario en los últimos minutos.

Señales de una creciente dependencia

Si bien las experiencias de cada niño son diferentes, existen algunos indicadores comunes que sugieren que su uso de las redes sociales está del lado equivocado de la línea.

1. **Consultas obsesivas** . Actualizar aplicaciones constantemente, especialmente durante las vacaciones escolares, salidas nocturnas o reuniones familiares.

2. **Cambios de humor** . Parecer ansioso, irritable o deprimido cuando no se puede acceder a un dispositivo o una publicación no tiene el resultado que uno desea.

3. **Ignorar el deber existencial** . Pasar tareas, hacer quehaceres domésticos o dedicarse a un pasatiempo en favor de desplazarse o publicar.

4. **Síntomas externos** . Dolores de cabeza, fatiga ocular o cansancio por pasar demasiado tiempo frente a la pantalla.

Rompiendo el hábito

Los padres pueden fomentar hábitos más saludables estableciendo límites en la cantidad de tiempo que se pasa frente a los dispositivos y hablando con sus hijos sobre la montaña rusa emocional que supone asociar la autoestima a los comentarios en línea. Incluso los niños más pequeños pueden tener acceso a las redes sociales hasta que sean lo suficientemente maduros como para manejar adecuadamente el contenido adictivo. Incluso métodos relativamente simples , como bloquear las notificaciones automáticas o eliminar los widgets de las redes sociales de la pantalla de inicio del teléfono, pueden mitigar la atracción.

Validación en línea vs. relaciones en el mundo real

Relaciones digitales y necesidades humanas esenciales

Los humanos somos animales sociales por naturaleza, a los que nos encanta el contacto visual, la voz, la expresión facial y el lenguaje corporal. Los emojis, los GIF o los mensajes de texto breves pueden reflejar al menos algo de esto, pero no son tan reconfortantes como el contacto humano real. Los jóvenes que pasan todo el tiempo buscando la validación en línea, los "me gusta", los seguidores o las visitas, pueden ignorar o devaluar las relaciones cercanas en persona.

Profundidad y matices emocionales

Un "corazón" en Instagram brinda satisfacción instantánea pero ofrece poco peso emocional. En cambio, las conexiones en la vida real se basan en poder experimentar a los demás, hablar más y brindarse ánimo. Para aquellos niños cuyo único medio de comunicación son las redes sociales, las habilidades de afrontamiento y la fortaleza emocional que surgen a través del contacto directo con el conflicto y la experiencia pueden no existir. Con el tiempo, esta dependencia puede nublar su visión del mundo y comienzan a confundir los "me gusta" con la aprobación y retiran voluntariamente su empatía cuando los sentimientos de otras personas no se transmiten automáticamente de manera digital.

El vacío de la popularidad online

En el mundo de las redes sociales, una sola publicación bien escrita puede generar cientos o miles de "me gusta". Esto puede ser interpretado por un niño como una popularización o aprobación. Sin embargo, no todas estas medidas son iguales. Las relaciones en línea suelen ser breves; un niño puede recibir una infusión de elogios digitales un día y no recibir ni una segunda mirada al día siguiente. Las amistades en persona (amigos, parientes o compañeros de clase) suelen ser una fuente de validación más estable y confiable.

Además, el tráfico de las redes sociales puede impulsar a las personas a permanecer en ciertos umbrales de interacción o por encima de ellos. Es posible que a un niño que haya obtenido "me gusta" o seguidores se le pida que "llegue repetidamente al principio" de su última publicación, lo que le genera estrés y ansiedad. Los niños pueden intentar realizar tareas más desafiantes, publicar imágenes más auténticas o incluso crear avatares que estén muy alejados de ellos mismos, solo para mantener a su audiencia comprometida en línea.

Impacto en la autoestima

La autoestima de un niño está en su punto más bajo durante los tres primeros años de la escuela secundaria y la preparatoria. Si su autoestima se basa en una afirmación virtual, cualquier pérdida de compromiso se considera una derrota. Por ejemplo, si la publicación de un niño no recibe tantos "me gusta" como se esperaba, puede percibirlo como un rechazo o un fracaso de su parte. Tales interpretaciones provocan representaciones erróneas de sí mismo y procesos de pensamiento negativos como la duda, la vergüenza y la ansiedad.

Cómo equilibrar las conexiones en línea y fuera de línea

Los padres también pueden contribuir a que los niños acepten las relaciones en persona en igualdad de condiciones o incluso mejor que las virtuales. Una forma de hacerlo es modelando un uso saludable de la tecnología. Por ejemplo, una familia puede hacer hincapié en comidas familiares "sin tecnología", aventuras de fin de semana o noches de juegos sin dispositivos electrónicos. El estímulo para cultivar amistades fuera de línea (a través de deportes, clubes, música o trabajo voluntario) también puede servir para reforzar la comunidad del mundo real.

FOMO, adicción y validación en línea

Hay que tener en cuenta que el miedo a perderse algo, el diseño adictivo y la validación en línea no son entidades separadas, sino que van de la mano. Un niño fuera de control puede mirar la pantalla una y otra vez, volverse dependiente de la descarga de dopamina de los "me gusta" y las respuestas, y, con el tiempo, definirse a sí mismo en términos de lo popular que es en línea. Es un círculo vicioso desconcertante que es difícil de detener.

Un niño que sufre de FOMO (miedo a perderse algo) puede compartir más contenido o participar en más interacciones en línea. Si esas publicaciones generan buena publicidad, el ciclo estimulante de "me gusta" y comentarios exacerba la práctica. Con el tiempo, la presión para demostrar lo que vale en línea aumenta y, si de repente disminuyen los comentarios, la presión solo aumenta. Comprender estas dinámicas puede alertar a los padres sobre estas relaciones y orientar a los niños hacia hábitos digitales más saludables a una edad temprana.

Consejos para padres y cuidadores.

1. Diálogo abierto

- Asegúrese de que los niños se sientan cómodos hablando sobre las redes sociales. "¿Qué sientes cuando a nadie le gusta tu publicación?" o "¿Cómo te sientes cuando tus amigos publican fotos de un evento al que no fuiste?" Este tipo de preguntas validan las experiencias de los niños y pueden darles la posibilidad de expresar y analizar sus sentimientos en lugar de encerrarlos en sus corazones.

2. Establezca límites realistas

- Establezca límites en cuanto a los usos de los dispositivos, como restringir el acceso a las redes sociales solo durante ciertas horas o ignorar las notificaciones después de cierta hora por la noche. Esto, naturalmente, "corta" el ritmo de la comunicación continua.

3. Fomentar los intereses fuera de línea

- Fomentar las actividades extracurriculares (deportes, arte, música, juegos al aire libre) que impliquen interacciones y aprendizaje presenciales. Cuanto menos se sienta un niño validado y exitoso fuera de línea, menos confiará en las recomendaciones en línea.

4. Modele un comportamiento saludable

- Los niños imitan a sus padres. Si los padres se apresuran a consultar las redes sociales cuando están en familia o están demasiado estresados cuando no están frente a sus dispositivos, los niños reciben un mensaje. Tener el control y ser responsable con la tecnología puede ser más eficaz que cualquier conjunto de reglas.

5. Enseñe el pensamiento crítico

- Enseñe a los niños que el contenido de las redes sociales se edita y no siempre es veraz. Al hablar sobre filtros o ediciones con regularidad, los padres pueden difundir una cultura de desconfianza y desalentar las comparaciones poco saludables.

6. Fomentar la empatía

- Hacer que los niños comprendan que detrás de cada me gusta o comentario hay personas que sienten y viven. Cuando los niños se muestran empáticos en entornos digitales , observando los puntos de vista de otras personas, adquieren mejores habilidades interpersonales que pueden utilizar en línea y fuera de línea.

7. Busque ayuda profesional si es necesario

- En ocasiones, el uso de las redes sociales por parte de un niño puede agravar problemas de salud mental crónicos, como ansiedad o depresión. Los psicólogos infantiles y adolescentes pueden ofrecer consejos útiles, tanto en la psicoterapia cognitivo-conductual como en el asesoramiento familiar.

Ejemplo real. La experiencia de una adolescente

Para ilustrar estos puntos, imaginemos a una joven llamada Sophie. Es una estudiante inteligente y una artista talentosa, pero la ansiedad social la mantiene deprimida. En sus primeras plataformas de redes sociales, buscó consuelo publicando sus bocetos digitales en

Instagram, donde recibieron elogios entusiastas de amigos y desconocidos. Comenzó a publicar con más frecuencia y revisaba su teléfono cada pocos minutos para ver si había algún nuevo "me gusta" o comentario.

Al mismo tiempo, se deprimía cuando sus amigos contaban cosas sobre recados en los que ella no había participado. Su nivel de estrés aumentaba cada vez que veía que a menos gente le gustaba su nueva obra de arte que en una anterior. Temerosos de sus cambios de humor y de sus malas notas, los padres de Sophie hablaron. Recomendaron un "ayuno de las redes sociales" los fines de semana y le ofrecieron un lugar en un club de arte después de la escuela para que exhibiera su trabajo en persona. Aunque Sophie se resistió inicialmente, temiendo perder a la audiencia, las críticas personales y las conexiones que hizo en el club resultaron ser bastante enriquecedoras. Poco a poco, se dio cuenta de que las relaciones fuera de línea que había formado tenían más contenido emocional y significado que la fugaz descarga de dopamina de los comentarios en línea.

La historia de Sophie muestra cómo muchos adolescentes luchan por mantener el equilibrio. Las redes sociales pueden brindar inspiración, conexión y comunidad, pero si se las deja a su aire, pueden convertirse rápidamente en una fuente de ansiedad. Al dejar de lado los canales offline para sus actividades y restablecer sus expectativas, Sophie llegó a valorar las redes sociales como un medio, no como un fin, de amor propio.

Mirando hacia el futuro

Las redes sociales tienen diversas consecuencias psicológicas, que van desde la ansiedad por el status quo hasta la adicción y el atractivo de la afirmación digital. Estas preocupaciones no ocurren de manera aislada, sino que siempre están intrínsecamente conectadas con la formación emocional, el mundo social y la autoimagen del niño. Comprender estos fundamentos psicológicos es un primer paso crucial para cualquier padre que desee guiar a sus hijos hacia una vida digitalmente sana y más equilibrada.

En capítulos posteriores, exploraremos con más profundidad los impactos de las redes sociales en toda la vida de los niños, desde el lenguaje hasta la identidad. Y también analizaremos los marcos culturales , los algoritmos y la arquitectura de las plataformas que amplifican estas presiones psicológicas. Lo más importante es que analizaremos soluciones tangibles que los padres, las escuelas y las comunidades pueden utilizar para crear una generación amante de la tecnología sin caer en ella.

Los niños nacen en un mundo en el que las redes sociales tienen tanta fuerza como presencia. Incluso la experiencia en estos sitios, que ofrecen información en tiempo real, actualizaciones interminables y recomendaciones en línea, puede provocar graves dificultades emocionales. Si aprendemos más sobre las causas del FOMO (miedo a perderse algo), la forma adictiva de los "me gusta" y las notificaciones, y sobre cómo las conexiones digitales efímeras se comparan con la riqueza de las relaciones interpersonales, entonces los padres pueden empezar a promover y adoptar un uso más saludable de la tecnología en sus familias. La concienciación es la mitad de la batalla. A través de estrategias bien educadas y compasión, podemos guiar a los niños para que establezcan relaciones saludables y duraderas con las redes sociales que mejoren sus vidas, en lugar de perjudicarlas.

Capítulo 3. Impacto en el desarrollo y la salud mental

Este ha sido un aspecto recurrente de la creciente popularidad de las redes sociales y la conectividad omnipresente en la vida de los niños. Si bien tienen ventajas obvias, nos conectan, son instantáneas y nos permiten expresarnos creativamente, también son un desafío para los cerebros jóvenes. Cada vez hay más evidencia de que el uso excesivo de la interacción virtual puede atrofiar competencias sociales críticas, agravar enfermedades mentales y fomentar espirales de autodenigración. Aquí exploraremos tres áreas principales: (1) cómo la adicción en línea puede impedir el retraso de la competencia social; (2) el vínculo entre el uso excesivo de las redes sociales y los problemas de salud mental, como la ansiedad, la depresión y la baja autoestima; y (3) estudios de casos y testimonios de adolescentes y padres. Examinar estos efectos con más detalle también puede ayudar a los padres y cuidadores a comprender mejor los efectos sutiles de esta saturación digital y tomar medidas para salvaguardar el bienestar de sus hijos.

Habilidades sociales ineficientes debido a una comunicación virtual demasiado entusiasta

Del cara a cara a la pantalla a pantalla

Hubo un tiempo en que los niños aprendían habilidades sociales importantes : cómo leer rostros, leer el lenguaje corporal, desenvolverse en grupos en persona, en el patio de recreo, en clase, en los deportes extraescolares, en la mesa familiar. Proporcionaban retroalimentación instantánea y se utilizaban para perfeccionar las habilidades de comunicación de los niños. Sin embargo, a medida que las redes sociales y la comunicación electrónica complementan (o reemplazan) cada vez más los encuentros cara a cara, la mayoría de los jóvenes podrían no estar acumulando la misma cantidad de aprendizaje interpersonal que las generaciones anteriores suponían que ya tenían.

Cuando la mayor parte del lenguaje de un niño se concentra en mensajes de texto, respuestas con emojis o breves videoclips, se evaporan matices valiosos de la comunicación humana. La empatía y la comprensión requieren expresiones faciales, cambios de tono y lenguaje corporal. Si no se les enseña de manera rutinaria estas habilidades prácticas, los niños pueden tener dificultades para detectar el sarcasmo, el dolor o los límites sociales. Esto, con el tiempo, puede generar una serie de desafíos.

1. Empatía reducida

La empatía suele surgir de haber experimentado la situación emocional de otra persona, como cuando vemos a alguien llorar, lo oímos temblar o sentimos los cambios en su cuerpo. Las videollamadas y los emojis pueden intentar recrear algunos aspectos de la empatía, pero rara vez alcanzan las profundidades del sentimiento humano. Esta riqueza de señales no verbales puede perderse en los niños cuyo único lenguaje es la pantalla, lo que hace que les resulte más difícil empatizar en circunstancias de la vida real.

2. Habilidades debilitadas para la resolución de conflictos

Al equilibrar la comunicación en línea y fuera de línea, los niños pueden aprender los tipos de competencias interpersonales que les serán útiles como adultos, como contrapeso a las plataformas de comunicación digital que invaden todos los días.

Asociación con ansiedad, depresión y problemas de autoestima.

El panorama de la salud mental

Las tasas de ansiedad y depresión en niños y adolescentes han aumentado drásticamente en los últimos años, y a menudo se culpa a las redes sociales. Si bien la salud mental es compleja y es una cuestión de genética, factores familiares, circunstancias de vida y mucho más, la infinitud de los espacios digitales ciertamente ha cambiado el contexto social y emocional en el que se desenvuelven los jóvenes.

El estrés y el miedo a la inspección continua.

Mientras que las generaciones anteriores eran vigiladas socialmente solo en la escuela o en determinados eventos sociales, los niños de hoy están en constante vigilancia. Una imagen de Instagram, una publicación en el muro de un amigo, incluso la incapacidad de responder de inmediato a un chat grupal pueden convertirse en blanco de juicios o especulaciones. La persistente sensación de opacidad puede alimentar la ansiedad social y generar una presión interna para mantener una determinada presencia en línea o adaptarse a las convenciones cambiantes en diversas plataformas.

La cultura de estar siempre conectado en las redes sociales

Los jóvenes pueden llegar a estar convencidos de que están constantemente a la vista del público. Cada movimiento, sus gustos, sus reacciones rápidas, las imágenes que publican, se convierten en una actuación para su evaluación. El estrés que provoca esta evaluación continua puede ser considerable, sobre todo si el niño aún no tiene fuertes habilidades de afrontamiento o un sistema de apoyo local resistente.

Rendimiento vs. Autenticidad

Como las redes sociales se basan en la selección de contenido, la mayoría de las personas están dispuestas a dar lo mejor de sí mismas. Para los adolescentes que aún están encontrando su voz, la diferencia entre lo que saben y lo que publican en línea puede ser una fuente de conflicto. Esto genera miedo a que los "descubran" o a estar a la altura de la imagen que han creado en línea, lo que aumenta la ansiedad social.

La depresión y la trampa de la comparación

Lo más destacado de los videos versus la realidad

El mayor error que comete la gente en las redes sociales es que se centran únicamente en el glamour o los aspectos más cool de la vida. Mirar fotos de vacaciones enmarcadas, reconocimientos académicos o selfies con poses elegantes puede inducir una sensación de fracaso, especialmente en los niños que no tienen la experiencia vital necesaria para entender que se trata de fragmentos incompletos y editados selectivamente de la realidad. Esa diferencia entre la vida que ellos viven y la vida que observan en Internet sólo puede contribuir a la desesperación o la privación.

Cámaras de eco de negatividad

En algunos casos, las comunidades de Internet se convierten en caldo de cultivo para comparaciones y comparaciones negativas, en particular si los niños se relacionan con ídolos o amigos que fomentan imágenes corporales o normas de estilo de vida negativas. Las etiquetas y los ejercicios en las redes sociales que fomentan dietas peligrosas o exaltan la autolesión pueden contribuir a los síntomas depresivos en los adultos jóvenes, así como al diálogo interno negativo y la autocrítica.

La autocrítica en la era de la información

La autoestima , la base de la vida emocional de un niño, puede ser particularmente precaria en línea. Las redes sociales normalizan la validación externa. Cuantos más me gusta, comentarios o seguidores tenga, más "importante" o "popular" parece ser. Eso proporciona una base inestable para la autoestima, con un núcleo que fluctúa con cada cambio en la exposición digital.

Internalizando los números

La medición de fenómenos sociales (me gusta, visualizaciones, comentarios) proporciona a los niños una medida objetiva de sí mismos. Aunque una determinada cantidad de me gusta puede inflar temporalmente su autoestima, estas métricas pueden convertirse en peligrosas adicciones a la validación emocional. Cuando una publicación no funciona, otros niños internalizan el fallo como un repudio y sienten dudas o vergüenza sobre sí mismos.

La imagen corporal y la resistencia de los filtros

Los filtros, los programas de edición de fotografías y la viralidad de ciertas tendencias de belleza pueden desdibujar en los niños la noción de lo que es "normal" o "adecuado". Las imágenes estilizadas y editadas ofrecen ideales de belleza inalcanzables, que tienden a llevar a los adolescentes a asumir que deben ser "perfectos" para ser aceptados o queridos. Esta ansiedad por la apariencia puede conducir a una baja autoestima, una alimentación descontrolada y una timidez permanente.

Factores de protección y estrategias de mitigación.

Aunque esta asociación entre el uso excesivo de las redes sociales y los problemas de salud mental es preocupante, las familias y los grupos pueden desarrollar formas de amortiguar sus impactos.

1. Fomentar la alfabetización mediática

Si permitimos que los niños analicen lo que encuentran en Internet, podremos analizar y cuestionar las narrativas digitales. Los padres, por ejemplo, podrían decir: "¿Sabes? ¿Esta foto fue manipulada? ¿Por qué querría alguien escribir un breve resumen de lo que le pasó hoy?". Estas conversaciones pueden fomentar una perspectiva escéptica y productiva.

2. Fomentar un diálogo interno saludable

Enseñar a los niños a contar y revisar los pensamientos negativos ayuda a desarrollar la resiliencia. Incluso las actividades más sencillas, como escribir afirmaciones positivas a diario o dedicar tiempo a hacer listas de logros (que no tienen nada que ver con la puntuación en las redes sociales), pueden fortalecer la autoestima.

3. Educación en salud mental

Es posible ayudar a los niños a empezar a tratar la ansiedad y la depresión desde una edad temprana, para que puedan identificar las señales de advertencia en ellos mismos y en sus amigos. Si se hace hincapié en la ayuda disponible (el terapeuta, el consejero, el mentor), se reduce el estigma.

4. Uso consciente de las redes sociales

En lugar de prohibir directamente las redes sociales (una receta para la rebelión o el anonimato), los padres pueden enseñar a los niños a ser expertos en lo digital. Esto podría implicar crear horarios diarios "sin pantallas", controlar la hora de acostarse para preservar el sueño o guiar a los niños para que diseñen feeds de manera que no reciban contenido tóxico o que los desencadene.

En conjunto, estos recursos y diálogos pueden comenzar a compensar algunos de los efectos psicológicos más tóxicos de las redes sociales, ayudando a los niños a mantenerse mentalmente saludables en la era digital.

Estudios de casos y testimonios

Nada refleja mejor los verdaderos efectos de las redes sociales en el aprendizaje y el bienestar mental de los niños que las historias de nuestros propios hogares. A continuación, se presentan algunas historias anónimas de adolescentes y padres que hablan de los aspectos positivos y negativos de las redes sociales durante esos años de formación.

Estudio de caso 1. Betty's Desafío de aislamiento

Historia . Betty (14) originalmente inició sesión en un sitio web para compartir fotografías para conocer nuevos amigos de la escuela a la que se había mudado a un nuevo estado.

Desafíos.

- **FOMO** . Betty descubrió que sus amigos siempre publicaban fotos del grupo en fiestas a las que no la habían invitado. Comenzó a actualizar su muro docenas de veces al día para no perderse las noticias sociales.

- **Autoconfianza** . Betty pensaba que la vida era aburrida porque todos los demás vivían sus vidas a la perfección. Añadía más imágenes, en busca de atención, me gusta y comentarios. Cuando algunas fotos no le gustaban tanto, empezó a preguntarse si era realmente popular .

- **Costo psicológico** . Pronto, Betty tuvo dificultades para ponerse al día, evitando el contacto en persona por miedo a ser rechazada.

Resultado . La madre de Betty vio un cambio en el comportamiento de Betty: se volvió irritable, tenía hambre de teléfono y no podía dormir. Asustada, estableció un código en el hogar: nada de teléfonos después de las 8:00 p. m. y los teléfonos se dejaban a la hora de la cena. Al principio, Betty tuvo dificultades y comenzó a sentirse menos nerviosa por la noche. Con terapia y un renovado énfasis en asistir a un club escolar (coro), le resultó más fácil desarrollar amistades reales, lo que la hizo depender menos de la validación de las redes sociales.

Caso práctico 2. El yo en línea de John frente al mundo real

Historia . John (16) era un prolífico escritor de chistes con una gran cantidad de seguidores en un sitio de microblogging bien establecido.

Desafíos.

- **Personaje de Internet** . John no tuvo más opción que ser un simpático imbécil sarcástico en Internet para que sus fans no se cansaran de él. Era un hombre tímido e introvertido, cuyo comportamiento en Internet no encajaba con su personalidad.

- **Frustración y agotamiento** . No quería ser el que publicaba a diario o respondía a los comentarios a tiempo, porque de lo contrario su audiencia se alejaría. Sus calificaciones comenzaron a bajar porque se pasaba toda la noche escribiendo los tuits "correctos".

- **Ansiedad** . Cuando sus publicaciones no recibían suficientes "me gusta", se preguntaba si estaba perdiendo su "notoriedad" en Internet, lo que le provocaba constantes controles y ansiedad.

Resultado . Un consejero escolar identificó a John como un niño que sufría de agotamiento por las redes sociales. En grupos semanales, le enseñaron a John a ser consciente y a desintoxicarse digitalmente, por ejemplo, a desactivar las notificaciones y establecer límites al tiempo que pasa frente a la pantalla. Con el tiempo, encontró una fibra más manejable y abordó las redes sociales como un medio creativo en lugar de como un índice de autoestima.

Testimonio 1. Voz de los padres Susan, madre de dos adolescentes

"Solía creer que las redes sociales eran una diversión inofensiva. Pero entonces mi hija mayor (15) empezó a notar dolores de cabeza y problemas para dormir. Leía su muro a medianoche comparándose con los influencers. Luego se despertaba agotada y asustada. Después de que hablamos más, descubrí que era propensa a ser examinada por un jurado silencioso. Juntas creamos zonas sin teléfono en la casa y empecé a hacer algo mejor que revisar el correo electrónico durante la cena. Cada día es duro, pero ya he notado un aumento en su energía y autoestima".

El caso de Susan ilustra la necesidad de la participación de los padres y de una comunicación abierta. Su disposición a analizar sus propias prácticas digitales fue un catalizador para un cambio familiar positivo.

Testimonio 2. Perspectiva de los padres Dillan, padre de un estudiante de secundaria

"Mi hijo interactuaba en línea con otros niños a través de grupos de juegos y la situación se volvió muy desagradable, por no mencionar que comenzó a volverse más agresivo en casa. Descubrimos que estaba imitando algunas de las conductas que había adquirido en línea. Tan pronto como desactivamos esas funciones de chat y comenzamos a hablar genuinamente sobre el respeto por los demás, se sintió aliviado. Admitió que se sentía presionado para ser duro en línea. Estos niños a veces solo quieren un ejemplo de cómo hacer las cosas, e Internet lo hará si no se lo damos".

El ejemplo de Dillan ilustra cómo los niños se convierten en personajes diferentes en Internet, a veces actuando de maneras que creen que les harán ganar admiración en la red. Mediante límites y una conversación directa, Dillan protegió a su hijo de los trastornos sociales.

Completando el ciclo y avanzando

Los estudios de casos y testimonios anteriores demuestran lo poderosas que pueden ser las redes sociales para el crecimiento social y la salud mental de un niño. Si algunos niños pueden encontrar su creatividad o un grupo de apoyo en Internet, puede que valga la pena, incluso si el precio no es razonable. Otros, por ejemplo, experimentan más aislamiento y ansiedad debido a las interacciones en línea.

Intervención temprana y debates abiertos

Un tema recurrente en estos relatos es la eficacia de la intervención temprana. Los niños se ven arrastrados a ciclos digitales negativos sin comprender plenamente las fuerzas que los impulsan. Mediante una comunicación abierta, haciendo preguntas claras como "¿En qué piensas cuando tus amigos pasan el rato sin ti?", los padres pueden identificar la angustia en una etapa temprana y ofrecer apoyo o intervención profesional.

Asociación entre padres, educadores y la comunidad

Las consecuencias psiquiátricas y de desarrollo de las redes sociales no pueden recaer simplemente sobre los padres. Los maestros pueden incorporar lecciones de ciudadanía digital e inteligencia emocional en el plan de estudios escolar. Las organizaciones locales, como el centro juvenil o la liga deportiva local, pueden ofrecer más oportunidades no digitales para que los niños interactúen y ganen autoestima. Tener múltiples partes interesadas en la ecuación ayuda a garantizar que tengamos un plan integrado para crear resiliencia ante los peligros de la cultura digital.

Destacando las oportunidades fuera de línea

Los niños aprenden mejor cuando se les da un tiempo seguro y concreto para perseguir sus intereses y ser amigos genuinos. Las actividades extracurriculares organizadas, ya sean equipos deportivos, lecciones de arte, clubes de robótica o proyectos del vecindario, pueden brindar una sensación de comunidad y logro sin necesidad de tener "me gusta" o seguidores. El fomento de un calendario equilibrado con descansos digitales incluidos ayudará a los niños a ver que la vida es mucho más abundante y significativa cuando no están encorvados frente a una pantalla.

Buscando ayuda profesional cuando sea necesario

Por último, no pase por alto el hecho de que algunos niños necesitan ayuda profesional. Por ejemplo, cualquier persona que sufra ansiedad grave, depresión o problemas de imagen corporal inducidos o agravados por las redes sociales puede beneficiarse de la terapia. Los psicólogos especializados en el desarrollo de adolescentes pueden ofrecer intervenciones personalizadas (terapia cognitivo-conductual o terapia familiar) que aborden los hábitos digitales y las necesidades emocionales.

Los efectos psicológicos y de desarrollo del uso de las redes sociales por parte de los niños son complejos y están intrínsecamente arraigados en un contexto global de modernidad. El desarrollo social lento, causado por una comunicación excesiva a través del mundo virtual, conduce a la confusión, reduce las habilidades para la resolución de conflictos y reduce la empatía. Mientras tanto, el uso frecuente de las redes digitales se asocia con un riesgo elevado de ansiedad, depresión y pérdida de autoestima, a menudo como resultado de la comparación social crónica, el miedo a la exclusión y los ciclos de retroalimentación adictivos que se insertan en las redes sociales.

Sin embargo, los relatos reales de adolescentes y padres muestran que estas afecciones no son de naturaleza singular, sino que se entrelazan con la individualidad de los niños, las situaciones de vida y los mundos sociales fuera de línea. Sin embargo, los padres, los educadores y las comunidades pueden ayudar a prevenir estos problemas mediante prácticas digitales saludables, alfabetización mediática, empatía e intervención temprana cuando aparecen los síntomas.

Volveremos a estos efectos sociales más amplios en los siguientes capítulos, a medida que sigamos considerando las implicaciones sociales más amplias del comportamiento de los niños en las redes sociales , la familia, el sistema educativo y las costumbres culturales que se han desarrollado junto con estas poderosas tecnologías. Saber cómo las redes sociales pueden afectar el desarrollo de un niño significa que los padres están mejor preparados para guiar a sus hijos hacia un futuro digitalmente saludable, en el que la presencia en Internet complemente, y no consuma, el desarrollo emocional y psicológico.

Capítulo 4. La función de los algoritmos

Los algoritmos son la base invisible de todas las redes sociales, ya que controlan lo que los niños experimentan y dan forma a su experiencia en línea. Estos sistemas de máquinas se anuncian como herramientas para personalizar los feeds y emparejar a los usuarios con contenido relevante, pero también tienen el potencial de controlar el comportamiento de los usuarios (especialmente entre audiencias jóvenes e influenciables). Desde dirigir a los niños hacia conductas adictivas hasta exponerlos a un ciberacoso peligroso, ideales de belleza poco realistas y noticias falsas, estos algoritmos ejercen un enorme poder sobre los cerebros en crecimiento. Luego está la experiencia del "desplazamiento fatal", que consiste en desplazarse sin fin por material negativo o extremo, lo que genera más tensión en la atención y el estado de ánimo. Si los padres son conscientes de cómo funcionan los algoritmos y qué es potencialmente dañino en ellos, entonces pueden orientar a los niños hacia un uso más saludable de la tecnología.

Los titiriteros invisibles. Cómo los algoritmos depuran el comportamiento del usuario

Personalizado, pero potencialmente polarizador

En todos los principales sitios de redes sociales hay un algoritmo integrado que predice lo que los usuarios quieren ver, antes de que sepan qué es. Estos algoritmos analizan el comportamiento de los usuarios, los "me gusta", los comentarios, el tiempo que los usuarios pasan en determinadas publicaciones, las tasas de desplazamiento. Utilizando enormes bases de datos, intentan averiguar qué contenido les interesará a las personas.

Para los niños y adolescentes cuyas capacidades de autorregulación aún se están desarrollando, este contenido personalizado puede ser una cámara de resonancia digital. Su algoritmo aprende al instante qué videos, memes o artículos les atraen más y les ofrece cada vez más de lo mismo. A primera vista, esta selección es comprensible: los niños pueden encontrar al instante lo que les gusta, ya sean juegos, música o moda. Pero esa individualización también produce una visión de túnel. Los usuarios jóvenes pueden recibir una ventana estrecha de contenido que afirma constantemente los mismos intereses o creencias que han seguido durante un tiempo y se les impide observar nuevas voces.

Maximizar el compromiso

A los ojos de la plataforma, la interacción es su moneda: me gusta, publicaciones, comentarios, minutos de navegación. Cuanto más tiempo permanezcan los niños en una aplicación, más anuncios encontrarán y más publicidad creará la plataforma. En un intento por maximizar la interacción del usuario, los algoritmos favorecen el contenido emocionalmente interesante y receptivo, que puede ser estimulante, así como aterrador o polarizador.

Las publicaciones emocionales o extremas pueden desplazar el contenido equilibrado para un adolescente que investiga cuestiones de imagen corporal o busca consejos de vida. El flujo interminable de insinuaciones puede mantenerlos pegados a la pantalla, pero hacerlos más ansiosos, confundidos o ignorantes. Debido a que estos algoritmos favorecen la "adherencia", los niños pueden verse atraídos por agujeros de conejo digitales que los controlan innecesariamente.

Manipulación vs. Autonomía

Tal vez el problema central de la manipulación algorítmica sea la pérdida de autonomía. De esta manera, se engaña a los niños para que piensen que todo lo que aparece en su muro es una representación directa del mundo o un indicador de su propia toma de decisiones, mientras que el contenido está cuidadosamente seleccionado para provocar respuestas emocionales. Esto es particularmente peligroso para los cerebros vulnerables porque destruye la autonomía y el pensamiento crítico, esenciales para un desarrollo saludable.

Los padres y educadores que comprenden el poder manipulador de los algoritmos pueden alentar a los niños a preguntar quién les proporciona el contenido y a salir de sus filtros. Incluso pequeñas medidas como buscar una perspectiva diferente, seguir a varias personas o desactivar ciertas funciones de recomendación pueden restaurar la autonomía y contrarrestar la influencia manipuladora de los algoritmos invisibles.

Exposición a contenido dañino

Los niños rara vez navegan por la red en busca de contenido negativo o tóxico. Sin embargo, la arquitectura de la plataforma de la mayoría de las redes sociales, diseñada para publicaciones virales y compartibles, a menudo magnifica los mensajes negativos. Esa exageración puede abarcar desde el acoso cibernético y los estándares de belleza inalcanzables hasta noticias falsas y teorías conspirativas.

El ciberacoso : un dilema digital

El efecto de amplificación

El acoso cibernético no es nada nuevo, pero los algoritmos pueden multiplicarlo. En cuanto un contenido abusivo o de odio recibe mucha atención (en forma de comentarios o publicaciones furiosas), se lo promueve. Un niño que sufre acoso puede descubrir que el contenido que lo acosa se propaga a través de las redes sociales, lo que aumenta aún más el daño.

Difícil escapar

Si bien el acoso en persona suele ocurrir en horario escolar o en un contexto social particular, el acoso cibernético puede instalarse en cualquier lugar y en todas partes. Pueden encontrarse con contenido dañino en muchas plataformas diferentes, en cualquier momento del día o de la noche. Una sola publicación terrible puede ser capturada, compartida y compartida nuevamente, logrando una huella digital que es difícil de deshacer.

Intervención de los padres

Si los padres notan que su hijo de repente parece más volátil, se preocupa por los mensajes de texto, se cierra en sus relaciones sociales o tiene cambios bruscos de humor, entonces podría estar a punto de sufrir acoso cibernético. Hacer un seguimiento de lo que sucede en línea, mantener abierto un canal de comunicación y trabajar en estrecha colaboración con los educadores puede ayudar a reducir la propagación de materiales tóxicos. Muchos sitios tienen herramientas para denunciar el acoso; educar a los niños sobre ellas también es fundamental.

Reglas de belleza poco prácticas y problemas de imagen corporal

Refuerzo algorítmico

Instagram, TikTok y otras aplicaciones están repletas de fotos de cuerpos y estéticas "ideales". Si tu hijo siente curiosidad por un tipo de contenido de belleza, por ejemplo, un look de maquillaje o consejos para perder peso, es posible que te bombardeen con ellos. Esas exposiciones repetidas pueden convertirse en algo habitual en sus ideales de belleza y pueden generar una sensación de fracaso en quienes no alcanzan estos requisitos a menudo utópicos.

Cultura de filtros

Además de los filtros y las aplicaciones de edición de fotos, los influencers y la gente común también pueden suavizar la piel, alterar las proporciones corporales e incluso aplicar maquillaje virtual con un solo toque. Si bien estos efectos son muy divertidos, a los niños a menudo les cuesta distinguir entre fotos preparadas y fotos no anunciadas, y se están preparando para el autoengaño.

Repercusión psicológica

A largo plazo, el flujo constante de imágenes editadas puede socavar la confianza en uno mismo y provocar trastornos alimentarios o dismorfia corporal. Estas búsquedas de seguidores y halagos pueden motivar a los niños a modelar cualquier cosa que no sea apropiada para su desarrollo, a seguir dietas extremas, a entrenar en exceso o incluso a someterse a cirugías plásticas.

Desinformación y teorías conspirativas

Viralidad algorítmica

Las narrativas falsas o sensacionalistas son más fáciles de propagar que los hechos. Ya sean aterradoras, indignantes o impactantes, las noticias emocionales fluyen rápidamente a través de las publicaciones, los comentarios y la promoción algorítmica. Los niños con menos alfabetización mediática pueden tener dificultades para distinguir la verdad de las fuentes falsas.

Socavando el pensamiento crítico

La desinformación que se transmite a un algoritmo de forma regular puede arraigarse en la realidad del niño. Reiteradas una y otra vez, estas historias propagandísticas pueden dominar la enseñanza fiable, lo que reduce la confianza en la ciencia y en la autoridad. La consecuencia es la incomprensión, el cinismo o una comprensión pervertida del mundo.

Educación proactiva

Es importante criar a los niños lo suficientemente jóvenes como para cuestionar y confirmar la información que ven en línea. Animarlos a comparar números, leer medios creíbles o incluso refutar acusaciones ingenuas con adultos puede ayudarlos a mantener un equilibrio. De esta manera, puede protegerlos de los peores algoritmos que intentan difundir material viral (pero inexacto).

Doom Scroll y sus efectos sobre la capacidad de atención

La magia de los feeds interminables.

El "doom scrolling" es cuando uno se desplaza constantemente por noticias y actualizaciones negativas o aterradoras hasta las pocas de la mañana. Los feeds de las redes sociales suelen ser indefinidos por diseño, y siempre nos dan más para captar nuestra atención. Para un niño o adolescente curioso, leer el pergamino puede ser una especie de meditación onírica, en particular cuando la narración trata de algún suceso sensacionalista, como desastres, escándalos o dramas.

Consecuencias psicológicas

Estrés y ansiedad elevados

La exposición incesante a narraciones perturbadoras aumenta el miedo o la desesperanza del niño , en particular si no tiene un contexto real en el que situar lo que está sucediendo. Podría internalizar estos mensajes negativos y ser más susceptible a la preocupación, la desesperación o incluso a los ataques de pánico.

Desensibilización emocional

Y, paradójicamente, bombardearnos con tantas publicaciones alarmantes puede resultar desensibilizante. Los niños pueden volverse indiferentes ante las tragedias y pasar por alto las noticias sobre guerras o calamidades sin reaccionar demasiado. Este aislamiento puede obstaculizar la empatía y la amabilidad, fundamentales para el crecimiento social y emocional.

Erosión de la capacidad de atención

La generación del "deslizar"

Las redes sociales tienden a dividir el contenido en fragmentos fáciles de digerir: tweets enrevesados, videos recortados y publicaciones con imágenes. Si bien este formato puede ser interesante, también puede degradar la capacidad de los niños para concentrarse en una tarea durante largos períodos de tiempo. Si se acostumbran a consumir información en ráfagas ultrarrápidas, una clase de 45 minutos o el capítulo de un libro se volverán insoportablemente monótonos.

Sobrecarga cognitiva

El doom scrolling no solo inunda la mente con historias apocalípticas, sino que también obliga a los niños a procesar toda la información en sus cabezas simultáneamente. La sobrecarga cognitiva, el resultado acumulativo, degrada la concentración, socava la memoria y empeora el agotamiento mental.

Hacia un consumo consciente

Al fomentar el "desplazamiento consciente", el doom scrolling se reduce a su forma más perniciosa. Introducir interrupciones, un paseo, una conversación, un momento o dos de respiración profunda, rompe el flujo interminable de contenido negativo. A los niños también se les puede enseñar a establecer límites alcanzables, como saltarse el newsfeed justo antes de acostarse o programar un tiempo sin dispositivos para reiniciarse.

Equilibrar la conciencia y la capacidad de acción

Con el alcance y la sofisticación de los algoritmos, puede parecer imposible aislar a los niños de todas las influencias nocivas, pero los pasos graduales pueden ser de gran ayuda.

1. Enseñar conciencia algorítmica

- Las explicaciones informativas sobre las formas en que las plataformas de redes sociales recopilan datos de los usuarios y seleccionan contenido pueden empoderar a los niños a pensar de manera más crítica en línea.

- Como un "bot beneficioso (y potencialmente manipulador)" que adivina lo que quieren pero puede llevarlos al contenido equivocado si se dejan llevar.

2. Fomentar el consumo diverso

- Pida a los niños que utilicen múltiples plataformas digitales, desde sitios educativos hasta canales de redes sociales, no solo una cámara de eco.

- Esta variedad amplía su disponibilidad y reduce el impacto del ciclo de retroalimentación de cualquier algoritmo individual.

3. Establezca límites de tiempo saludables

- Establezca zonas horarias para el uso de redes sociales o establezca una cantidad máxima de tiempo frente a la pantalla para que los padres puedan evitar el consumo excesivo de pantallas.

- Los momentos de "desconexión" familiar, como las cenas sin móviles o las actividades de fin de semana, también pueden reforzar las actividades fuera de línea.

4. Activar los controles parentales y las opciones de privacidad

- Las plataformas sociales ya ofrecen controles para restringir ciertos tipos de contenido. Estas configuraciones no son perfectas, pero pueden minimizar las publicaciones que son dañinas.

- Animar a los niños a denunciar o bloquear cuentas abusivas también promueve la autodefensa.

5. Hable sobre privacidad y datos

- Los niños nunca se dan cuenta de hasta qué punto comparten sus identidades a través de las actividades cotidianas en línea. Explique cómo estos datos impulsan el motor de personalización del algoritmo.

- Dígales que tengan cuidado con a quién siguen, qué aplicaciones descargan y sus preferencias de privacidad.

6. Modele una conducta responsable en línea

- Los padres que se desplazan constantemente por la red, responden rápidamente a noticias de último momento o buscan validación en línea repetidamente, enseñan a sus hijos que esto es normal.

- Los adultos están liderando el camino al mostrar un uso igualitario de la tecnología, un diálogo abierto sobre contenido problemático y cómo verificar los hechos.

Los algoritmos han convertido a las redes sociales, que han pasado de ser una herramienta de comunicación práctica a convertirse en un motor que infecta la cultura. Aunque estos sistemas pueden personalizar las experiencias de los usuarios, también pueden manipular el comportamiento, aumentar la exposición a información perjudicial y atraer a los niños a la búsqueda de información catastrófica. Los niños y adolescentes, que todavía están creando su yo y su mundo, son especialmente vulnerables a estas influencias extrañas.

La concientización es la primera línea de defensa. Cuando los padres y educadores saben cómo funcionan los algoritmos y son conscientes de su poder para manipular a los niños, pueden ayudarlos a aprender a usar Internet de manera más consciente y crítica. Las tácticas del mundo real, como los límites de tiempo, la instrucción sobre alfabetización mediática y la diversidad de experiencias en línea, pueden ayudar a mantener bajo control la inmersión y el crecimiento digitales de manera más eficiente.

No se trata de criticar la tecnología, sino de brindarles a los niños los conocimientos y las habilidades para que puedan usar estos sitios de manera responsable. Al estar atentos a las formas sutiles en que los algoritmos moldean nuestro comportamiento, los padres pueden ayudar a sus hijos a convertirse en nativos digitales que usen las redes sociales de manera apropiada y con autonomía en sus vidas en línea, sin sufrir daños y sin perder la tenacidad atencional y emocional necesaria para prosperar en el siglo XXI.

Parte 2. La crisis social

Capítulo 5. Las familias en la era digital

Tal vez el cambio más sorprendente provocado por la explosión de las redes sociales y los teléfonos móviles es el profundo impacto que ha tenido en la unidad familiar. Las generaciones pasadas dependían de las comidas compartidas, las reuniones familiares periódicas y los intercambios cara a cara como base de la vida familiar. Los dispositivos digitales ocupan hoy casi cada minuto de nuestras vidas y están alterando la forma en que las familias se conectan o no. Este capítulo analiza cómo estas tecnologías han erosionado el tiempo en familia y la conexión cara a cara, y las brechas generacionales en el conocimiento de la tecnología. Si los padres y los cuidadores observan el cambiante entorno doméstico, pueden comprender mejor la crisis social que se ha desatado y dar un paso hacia la salvación de los vínculos familiares auténticos.

La pérdida del tiempo en familia

Las primeras señales de advertencia de los efectos de la era digital en los hogares es la erosión gradual del espacio colectivo e ininterrumpido. Incluso en los hogares donde todavía hay tiempo para una comida familiar, los niños y los padres tienen más probabilidades de mirar sus teléfonos, enviar mensajes de texto o consultar las redes sociales antes y después de cada bocado. Las comidas, que alguna vez fueron el centro de la reconexión y la camaradería diarias, ahora pueden dividirse en conversaciones que compiten con las alertas y las notificaciones.

Además de la mesa de la cena, la idea de la "noche familiar" ha evolucionado radicalmente. Una fiesta de juegos de mesa, cine comunitario o simplemente charlas sobre las actividades del día pueden ser reemplazadas por miembros de la familia repartidos en varias habitaciones, cada uno en su propio mundo virtual. Incluso si parece que todos están felices de estar trabajando, esto puede socavar sutilmente la base emocional de la familia. Los niños se ven privados de la conversación con adultos y los padres no tienen forma de ver cómo los estados de ánimo o las conductas de sus hijos pueden estar afectándolos de maneras sutiles que pueden indicar problemas emocionales.

Los padres incluso tienen carreras muy estresantes que exigen acceso continuo a sus correos electrónicos laborales desde sus teléfonos inteligentes hasta altas horas de la noche. Esta combinación de trabajo y vida personal implica que el "tiempo de trabajo" y el "tiempo en familia" se superponen. La eficacia tecnológica implica una actitud de estar siempre disponibles a expensas de la paternidad. Como resultado, incluso los padres bien intencionados pueden estar involuntariamente guiando a sus hijos hacia comportamientos que los lleven a recurrir a dispositivos para entretenerse o conseguir aprobación social, incubando un ciclo familiar de inmersión digital.

Desintegración de interacciones en profundidad

La vida familiar se basa en los vínculos : cocinar, jugar al aire libre, hacer las tareas del hogar juntos. Sin embargo, en este mundo, es habitual que cada miembro de la familia se retire a su espacio personal cuando terminan las tareas y las tareas rutinarias. En lugar de jugar a las cartas o charlar entre ellos, los familiares pueden navegar por servicios de streaming en silencio, cada uno usando sus propios auriculares o pantallas. Esas formas cerradas de recreación no solo inhiben la espontaneidad, sino que niegan a los niños la práctica social constante y práctica necesaria para una comunicación eficaz.

Los niños desarrollan empatía, cooperación y habilidades para resolver problemas al enfrentar desafíos juntos. Ya sea una pelea entre hermanos por un juguete o una tarea cooperativa que requiere un sentido de resolución de problemas, estos encuentros les enseñan a los niños cómo afrontar las emociones y trabajar juntos. Pero cuando cada uno está en su propia burbuja en línea, estas pequeñas lecciones de gestión de relaciones en el mundo real son más fragmentarias. Esto los deja incapaces de resolver conflictos en persona o de comprender señales no verbales, habilidades que desempeñan un papel importante en el éxito de las relaciones más adelante en la vida.

En segundo lugar, la sensación de éxito compartido que surge de las tareas familiares, como cocinar juntos o hacer los deberes, puede verse socavada cuando los dispositivos se convierten en una fuente de distracción además de una actividad. Tal vez los padres sientan que su hijo adolescente ya no les pide consejos sobre una redacción porque pueden buscarlos en Google, o los niños más pequeños resuelven los conflictos escapándose a los videojuegos en lugar de resolver los desacuerdos. Las herramientas digitales son poderosas, pero su uso exclusivo puede entorpecer el aprendizaje que se produce naturalmente en un entorno familiar presencial y comprometido.

¿La tecnología como pegamento y disolvente?

Vale la pena recordar que la tecnología no acaba automáticamente con la familia. En muchas situaciones, puede utilizarse como puente para cruzar barreras geográficas. Los abuelos que viven fuera de la ciudad podrían asistir a la fiesta de cumpleaños de un niño a través de un chat de video, o un padre extranjero podría asistir al evento deportivo de su hijo utilizando dispositivos de transmisión en vivo. Estas tecnologías permiten a las familias experimentar momentos reales de un tipo que antes no podían vivir.

Pero la paradoja de la tecnología es que puede acercar a los vecinos al mismo tiempo que los mantiene separados de los miembros más cercanos del hogar. Los padres también pueden experimentar una tensión extraña: pueden usar aplicaciones de chat para comunicarse diariamente con la familia extendida u organizar los horarios después de la escuela, pero no pueden conversar con el adolescente sentado al otro lado de la mesa del comedor. La velocidad y la simplicidad de las comunicaciones electrónicas pueden ahogar la autenticidad de la conversación humana.

La mayoría de los niños, especialmente los que están en la niñez media y los adolescentes, prefieren enviar mensajes de texto a sus padres en lugar de entablar un intercambio verbal sobre asuntos importantes. Esto puede ser útil para la interacción inicial, pero también puede frenar la sustancia emocional y el aprendizaje de la cortesía conversacional. Esta disyuntiva no siempre es algo malo ; algunos niños pueden beneficiarse de la capacidad de expresarse por escrito, pero la dependencia de los mensajes digitales puede retrasar el desarrollo de la comunicación emocional sutil.

Brecha generacional

Con la explosión de los teléfonos inteligentes y las redes sociales, nos encontramos en una extraña situación en la que las generaciones más jóvenes tienden a ser más expertas en tecnología que las mayores. En su mayoría, fuimos criados por padres y abuelos que tenían muy poco conocimiento de informática personal, y mucho menos de redes sociales y aplicaciones. Esto puede generar conflictos o confusión entre las familias, la generación mayor puede tardar más en sentirse cómoda con las nuevas plataformas y los niños pueden sentirse frustrados porque su hermano mayor no sabe usar la tecnología.

Es una situación difícil, especialmente para los padres, en la que hay que encontrar el equilibrio adecuado entre mantener a los niños fuera del mundo digital y mantenerlos a salvo. Como muchos padres no están expuestos a estas plataformas durante su propia infancia, no están lo suficientemente preparados para evaluar si son buenas o malas. O se vuelven demasiado estrictos y es probable que los niños se escondan en línea o lo dejen en paz, y los comportamientos sarcásticos pueden propagarse sin control.

Además, las personas mayores pueden considerar frívolas algunas cuestiones digitales. Una tía puede no reconocer que el acoso cibernético está afectando negativamente la salud mental del adolescente, por ejemplo, porque "en nuestros viejos tiempos simplemente ignorábamos a los acosadores o lo dejábamos salir al patio". Este tipo de desdén puede dividir aún más las barreras generacionales, ya que los niños se sienten escuchados y malinterpretados. Por el contrario, los adultos jóvenes pueden no ser tan sensibles a los sentimientos de sus padres o abuelos de sentirse "abandonados" en un mundo digital de ritmo acelerado. Estas brechas generacionales pueden desintegrar a la familia sin compasión ni diálogo.

Presiones sociales y culturales

En términos más generales, se siente un impacto cultural más amplio fuera del hogar en el uso de la tecnología por parte de la familia. La mayoría de las personas han aprendido a ver los teléfonos inteligentes y las redes sociales como los dispositivos esenciales para mantenerse conectados, actualizados y organizados. Los padres pueden estar bajo el asedio de las escuelas que cada vez más publican en Internet, lo que requiere que los padres estén en línea de manera regular para recibir anuncios, tareas y actualizaciones de eventos. Mientras tanto, las fiestas, los equipos deportivos y las actividades extracurriculares con frecuencia utilizan mensajes de texto masivos o anuncios en las redes sociales para realizar cambios en el último minuto.

En esta sociedad dominada por la tecnología, puede resultar difícil reducir el tiempo que los niños pasan frente a una pantalla sin poner en riesgo datos valiosos o la reputación del niño ante sus compañeros. Esto significa que las familias que buscan establecer límites más bajos en el uso de dispositivos a menudo se enfrentan a desafíos logísticos. También es posible que los padres teman que reducir el consumo en línea haga que sus hijos se aíslen socialmente o que no tengan tiempo para desarrollar habilidades tecnológicas importantes.

Por otra parte, las expectativas también pueden impulsar a las familias a participar en actividades digitales de fácil acceso, como aparecer perfectos en las redes sociales. La presión por publicar "fotos familiares perfectas" en línea añade una tensión innecesaria cuando los padres se sienten obligados a organizar los logros de sus hijos para las publicaciones, en lugar de centrarse en el complicado trabajo de desarrollo y aprendizaje. Esta comparación interminable, con la ayuda de imágenes de otros hogares que parecen estar "todos juntos" o prosperando sin esfuerzo, puede debilitar la confianza en uno mismo y generar insatisfacción en el hogar.

Resolviendo las brechas generacionales

Pero incluso con estas limitaciones, la brecha generacional en la comprensión de la tecnología se puede superar. La base de esto es la transparencia. Los padres pueden decir que no están familiarizados con todas las aplicaciones sociales y los niños pueden sentirse inspirados para informarse. Estos roles también pueden volverse mutuamente respetuosos y fomentar la confianza, donde los niños se sienten empoderados por su experiencia y los padres están mejor preparados para lidiar con las trampas digitales.

Las actividades tecnológicas entre generaciones pueden ser una gran fuente de unión dentro de la unidad familiar. Un padre, por ejemplo, puede inscribir a un abuelo en un servicio de videollamadas para que pueda llamar a la gente de su casa mientras el niño le explica los detalles técnicos. Los abuelos, por otro lado, pueden contarles a sus nietos historias sobre el árbol genealógico en álbumes de fotos digitales y enseñarles a sus hijos la importancia del patrimonio y su conservación en formato digital.

Otra buena práctica es tener objetivos o desafíos compartidos, como dejar de usar la pantalla una noche a la semana y reemplazar el tiempo digital con cocinar en familia o salir a caminar. En estas sesiones de interacción, los padres pueden compartir por qué las conexiones cara a cara son valiosas y los niños pueden dar su opinión sobre cómo los recursos en línea pueden respaldar las interacciones familiares, en lugar de sustituirlas. Con la tecnología como un medio, en lugar de una forma de vida completa, las familias pueden transformar su relación con ella en algo productivo y saludable.

Recuperando el tiempo en familia

Las familias necesitan recuperar el tiempo en familia mediante un esfuerzo deliberado. En primer lugar, los hogares pueden definir áreas o momentos en los que no se utilicen dispositivos, como las cenas familiares, las salas de estar después de cierta hora o los dormitorios por la noche. El objetivo no es denigrar la tecnología, sino dejar espacio para la conversación y la conexión en ausencia de notificaciones entrantes o la urgencia de hacer clic para alejarse.

Los ejercicios estructurados también restablecen el contacto perdido. La familia puede crear vínculos a través de clubes de lectura, noches de cine (donde todos ven y hablan sobre la misma película en lugar de verla todos al mismo tiempo) o incluso actividades grupales como proyectos de jardinería y tareas domésticas. A través de un propósito y experiencias compartidas, los niños reciben un suave empujón para que aprendan a socializar y comunicarse bien en el contexto más natural: el hogar familiar.

Y los padres deberían poder dar ejemplo de un uso responsable de la tecnología. Si, por ejemplo, los niños ven que uno de sus padres revisa el correo electrónico del trabajo cada vez que se sientan a la mesa, tal vez lo consideren aceptable. Al guardar los teléfonos, apagar las notificaciones y observar activamente el día del otro, los padres comunican la importancia de pasar tiempo juntos. Este énfasis en la presencia y la concentración puede tener más efecto que cualquier regla escrita.

Mirando hacia adelante con esperanza

Si bien es cierto que el mundo en línea ha alterado la vida familiar, hay buenas noticias. Los peligros de la tecnología también se están volviendo ampliamente conocidos y las familias están probando nuevos rituales y reglas para conservar las relaciones que aprecian.

Asimismo, los maestros, los consejeros y los líderes locales están mostrando un renovado interés en la salud digital y el uso consciente, y ofrecen recursos para ayudar a las familias a gestionar el entorno en línea con moderación.

Las brechas generacionales pueden ser difíciles, pero también poderosas si se las aborda con curiosidad y empatía. Y los padres que alguna vez se vieron arrastrados a una espiral de complejidades en las redes sociales pueden mirar a sus hijos y transmitirles la sabiduría de la experiencia que los jóvenes buscan, debajo de la superficie. Lo viejo y lo nuevo pueden transferirse a través de la transmisión digital entre abuelos para reunirlos a todos en una narrativa familiar más sustancial.

En definitiva, la familia en el mundo digital está al borde del peligro y de la posibilidad. Las tecnologías que socavan el tiempo en familia pueden reactivarse para facilitar una conectividad más profunda, el intercambio cultural y el aprendizaje. Al establecer límites conscientes, crear conciencia intergeneracional y centrarse en la conexión cara a cara, las familias pueden prosperar en el mundo digital sin perder los valores y las relaciones que conforman un hogar afectuoso y solidario. El resultado es una familia que utiliza la tecnología como herramienta, que complementa en lugar de anular las conexiones humanas que siguen siendo esenciales para la vida familiar.

Capítulo 6. La escuela y las redes sociales

Introducción al aula digital. Breve descripción del aula digital

Hoy en día, el aula no es simplemente una hilera de pupitres y una pizarra, sino un lugar donde la tecnología y el aprendizaje se combinan a diario. Los teléfonos inteligentes, las tabletas y los ordenadores portátiles son tan comunes como los libros de texto, y las redes sociales también pueden ser una especie de punto de encuentro informal para reuniones de grupo y proyectos colaborativos. Pero esta combinación tecnológica no ha sido sencilla.

En concreto, las redes sociales son una fuerza que atrae el interés de los estudiantes. Pueden ser divertidas para mantenerse en contacto con amigos, modas y eventos del mundo, pero también pueden interrumpir las clases o distraer a los estudiantes de contenidos difíciles. Un estudiante que pretenda "tomarse un minuto" para consultar el correo electrónico perderá clases, tareas importantes o llegará tarde a las clases. Por tanto, los profesores se enfrentan a una crisis. ¿Cómo podemos sacar el máximo partido a estas herramientas en línea sin dejar que las redes sociales socaven el rendimiento académico?

Estas son las preocupaciones de los administradores y los padres por igual. Las escuelas que alguna vez desecharon o limitaron en gran medida el uso de teléfonos móviles están repensando la política a medida que se adapta a la realidad de una generación interconectada. Otras han instituido políticas estructuradas de "Traiga su propio dispositivo" (BYOD), pero otras siguen prefiriendo una prohibición estricta del uso del teléfono. Pero no hay una solución única para todos. Lo que es eficiente en una comunidad puede no funcionar en otra debido a que las desigualdades socioeconómicas, el acceso a la tecnología y la cultura local afectan el entorno de aprendizaje.

En este capítulo, nos centramos en dos temas principales: los efectos de las distracciones que traen las redes sociales al aula y el impacto de estas en el rendimiento; y el papel cambiante de las escuelas en la supervisión y la enseñanza a los niños de un uso responsable y equilibrado de las mismas. Al aprender lo que pueden hacer los profesores, los administradores y los padres, estamos señalando el camino hacia la formación de una futura generación de estudiantes que sepan cómo trabajar con plataformas digitales de manera eficaz, con curiosidad y aplomo.

Analizando el factor de distracción de las redes sociales

Lo que más han hecho las redes sociales en la escuela es fragmentar la atención de los estudiantes. Ese flujo de actualizaciones, notificaciones y mensajes choca con el trabajo cerebral intensivo y prolongado que se necesita para leer, resolver problemas o pensar. Incluso la presencia de un teléfono inteligente en el escritorio de un estudiante agota el capital mental porque algunas áreas del cerebro aún están alertas a un posible mensaje entrante.

Profesor tras profesor es testigo del efecto conductual de tales distracciones. Los estudiantes que antes participaban plenamente en una discusión pueden volverse más impacientes al revisar sus teléfonos cada pocos minutos. Se preocuparán por no poder leer la historia de Snapchat de un amigo o responder a un meme en lugar de generar preguntas sobre la lección. Esto se ha llamado el "costo del cambio", donde cada paso de la academia al mundo en línea y viceversa paga un precio psicológico en forma de menor eficiencia y comprensión.

Estas microdistracciones se van acumulando con el tiempo. Los estudiantes pueden sentir que están haciendo todo a la vez, pero varios experimentos han demostrado que el cerebro humano no se adapta bien a dos tareas simultáneas que requieren concentración. El mundo académico sale perdiendo cuando ese trabajo debe competir con las redes sociales. El trabajo puede quedar para después o sin terminar, y la realización de exámenes puede verse arruinada si los estudiantes interrumpen con frecuencia sus estudios para navegar por Internet.

No solo eso, sino que el uso frecuente de las redes sociales puede generar ansiedad y estrés en el aula. Un estudiante puede aburrirse e insatisfecho al ver a un compañero compartiendo planes sociales mientras él está estancado en una clase. Otros pueden contar cuántos "me gusta" recibe su nueva publicación, desviando la energía emocional de la lección en sí. Por lo tanto, además de distraer brevemente, las redes sociales también pueden afectar el estado de ánimo de un estudiante, lo que le dificulta prestar atención a una clase.

La dualidad entre estudiar y realizar múltiples tareas: la realidad de la multitarea y las habilidades de estudio.

Uno de los conceptos erróneos más comunes entre los estudiantes jóvenes es que pueden trabajar con las manos, tomando notas mientras escuchan a un maestro explicar cosas mientras revisan Facebook. La multitarea es, de hecho, una ficción bastante buena cuando se trata de trabajo duro. Pueden estar haciendo algo simple y automático (caminar) y algo más complicado (escuchar un podcast), pero no se puede prestar la misma atención a dos tareas mentales.

Cuando un estudiante alterna entre un ensayo y un hilo de noticias, su cerebro pasa de un estado a otro: se detiene y vuelve a empezar. Cada movimiento es una lucha mental por retomar el curso donde lo dejó y volver a leer el contenido. Estos cambios continuos truncan la experiencia educativa y dejan al lector apenas un poco aislado del trabajo académico y la interacción social. Lo que se obtiene en cambio es una experiencia de aprendizaje menos rigurosa, en forma de tareas de baja calidad y un aprendizaje menos a largo plazo.

Los profesores pueden comprobarlo por sí mismos. Un alumno puede decir: "Me va mejor con el teléfono delante", pero no por la puntuación que obtiene en un examen o en una redacción. Una simple comprobación de los mensajes puede llevar a que el alumno se quede diez minutos respondiendo, dando "me gusta" o mirando. Y luego, cuando el alumno vuelve al tema, puede que haya olvidado un principio importante y el profesor deba volver a explicarlo. Esto hace perder tiempo de clase, interrumpe la lección y resulta irritante para los demás que intentan seguirla.

Esas confusiones sobre la multitarea requieren una enseñanza y un modelo explícitos por parte de los educadores. Si se comparten los datos de la neurociencia o se hace una demostración en clase (por ejemplo, cronometrando a los alumnos en un breve juego mental con y sin el teléfono), los profesores pueden empezar a describir el coste de la concentración fragmentada. Y, debido a esta conciencia, están más dispuestos a aceptar normas que prohíban el uso del teléfono o que favorezcan estrategias limitadas de "monotarea".

Los hábitos de estudio se ven afectados por el profundo impacto de las redes sociales

Y el rendimiento escolar no se trata solo de lo que sucede durante el tiempo de clase, sino de cómo los estudiantes organizan su tiempo y atención fuera del aula. Este es otro ámbito en el que las redes sociales pueden resultar útiles. Para los estudiantes que reservan una hora para trabajar en sus deberes de matemáticas, a los 15 minutos reciben un montón de mensajes en el chat grupal o una publicación que les despierta interés. Y esa hora se reduce de repente a 30 minutos de esfuerzo deliberado, o menos.

La postergación es otro resultado común. La promesa de entretenimiento o socialización instantánea hace que los estudiantes duden en trabajar en la tarea hasta el último minuto. Pueden decir con razón que "un par de minutos" de navegación los ayudará a relajarse, y pronto descubren que ya han desperdiciado la mayor parte de su tiempo de estudio desplazándose por información que no tiene nada que ver con sus trabajos. Hay fechas de entrega, hay estrés y hay trabajos de mala calidad.

Parte de este desafío es el ciclo de retroalimentación afectiva que brindan las redes sociales. Los estudiantes pueden obsesionarse con los detalles de lo que hacen sus amigos (desde las actividades del fin de semana hasta los logros individuales) y llevar dentro de sí un miedo FOMO (por sus siglas en inglés). Esta comprobación, comparación y actualización desperdicia energía mental que podría emplearse en el aula. Gradualmente, las sesiones de estudio perdidas o interrumpidas a largo plazo pueden traducirse en calificaciones y comprensión del mundo real.

Es a través de las escuelas que los estudiantes aprenden a ser compañeros de estudio más saludables. Las escuelas pueden ofrecer talleres de gestión del tiempo, talleres de alfabetización digital y tutorías de maestros o consejeros para que puedan enseñar a los niños cuándo y cómo establecer límites. Con evidencia clara de cuánto beneficia un menor uso de las redes sociales las calificaciones, los puntajes más altos en los exámenes, los ensayos más sólidos y menos ansiedad, los educadores pueden alentar a los estudiantes a adoptar la tecnología con más disciplina.

Personalidad y cuestiones sociales en el aula.

Las redes sociales tienen más que ver con la concentración y la gestión del tiempo. También forman las relaciones dentro y entre las escuelas. Instagram, Snapchat y TikTok pueden ser útiles para compartir notas, recordatorios o simplemente algunos chistes personales sobre la clase que facilitan la conexión con otros alumnos. Pero también pueden exagerar fácilmente los conflictos sociales o las inseguridades.

El acoso, que antes se limitaba a los pasillos y comedores, ahora puede seguir a un estudiante a los espacios en línea en cualquier momento. Los textos dañinos o las imágenes embarazosas pueden salirse de control y el estudiante herido puede sentirse vulnerable y aislado, incluso en la seguridad del patio de la escuela. Los maestros que deben estar atentos al acoso deben estar atentos al comportamiento, la actitud o la actividad de un estudiante. Esas mismas redes sociales que crean comunidades pueden ser un lugar de soledad y pánico.

Además, un estudiante sociable que está conectado a la clase también puede interrumpir a los demás. Algo tan inteligible como "Mira, ¿qué publicó fulano ayer?" puede hacer tropezar a la clase. Incluso los intercambios lúdicos tienen prioridad sobre los objetivos de aprendizaje. Este efecto cascada también significa que el uso de un dispositivo por parte de un solo estudiante puede tener aún más consecuencias, provocando focos de desconexión en el aula.

Los profesores pueden minimizar estos problemas enseñando explícitamente empatía, respeto y buenos modales digitales. Una vez que los alumnos se den cuenta de que lo que hacen en línea tiene consecuencias reales para los demás, serán más conscientes de lo que publican o dicen. El acoso en línea, la difusión de rumores o la presión de los compañeros también pueden desencadenar un debate en clase sobre el valor del uso ético de las redes sociales en una clase en la que todos estamos intentando aprender.

Desarrollar la cultura escolar para evitar distracciones.

Lo que diferencia a cada escuela es la forma en que maneja las redes sociales. Algunas son muy específicas. Los teléfonos deben dejarse en las mochilas o en los casilleros durante las clases; cualquier incumplimiento conlleva la confiscación o la detención. Otras van en sentido contrario y permiten que los estudiantes traigan sus dispositivos personales para el trabajo en clase, pero les prohíben que se dediquen a navegar sin hacer nada.

La elección de lo que funciona mejor depende en gran medida de la cultura, la comunidad y los recursos de la escuela. Las prohibiciones inflexibles pueden eliminar las distracciones, pero también pueden dificultar el acceso de los niños a buenos materiales de aprendizaje o a llamadas de ayuda de los padres en caso de crisis. Además, las sanciones severas pueden generar enojo entre los estudiantes que están siendo vigilados o malinterpretados. Sin embargo, las reglas más flexibles dependen más del autocontrol de los estudiantes y del poder del maestro para establecer límites estandarizados.

Un nuevo punto intermedio es un concepto llamado "descansos tecnológicos", en el que se permite a los estudiantes revisar sus teléfonos o responder mensajes urgentes en días específicos. Esta conducta acepta que los adolescentes y preadolescentes son muy sociables y tienden a molestarse cuando se les obliga a dejar de usar el teléfono por completo durante períodos prolongados. Si las escuelas permiten revisiones breves y programadas del teléfono, entonces será menos probable que utilicen el dispositivo en clase.

No importa cuál sea la política, la apertura y la racionalidad son las claves para su adopción. Los mejores estudiantes la adoptarán si saben por qué existe una regla: para mantenerse concentrados en la tarea, para ganarse el respeto del resto de la clase o para mantenerse a salvo. Si las escuelas tienen consejos estudiantiles o equipos de liderazgo que participan en la formulación de políticas, más estudiantes se adherirán a ellas porque es más fácil tomar decisiones colectivas, no desde arriba.

Profesores que ayudan a que el uso se base en la razón.

Los docentes están en primera línea en la guerra contra el ruido digital. Ven que las redes sociales son enemigas del aprendizaje, pero también ven que pueden ser aliadas si se las utiliza con sensatez. Combinar estas dos opciones requiere ingenio, flexibilidad y una explicación explícita de las expectativas.

Por ejemplo, **los profesores pueden incluir las redes sociales en el plan de estudios para mostrar cómo se pueden utilizar para el bien**. Un profesor de historia podría pedir a los alumnos que publiquen un blog en clase sobre la historia de sus asignaturas, un profesor de inglés podría impulsar un debate en Twitter sobre la trama de una novela. Cuanto más aprendan los alumnos que las plataformas que suelen considerar un lugar para jugar también se pueden utilizar para aprender, más granular será su visión de la tecnología.

Pero los límites siguen siendo importantes incluso en estas aulas digitales. Un profesor podría dictar que los dispositivos permanezcan en silencio y existan solo para actividades. Las herramientas para gestionar el aula , como las aplicaciones que bloquean la pantalla o redirigen a los visitantes a sitios autorizados, pueden ayudar a hacer cumplir estas reglas. Estas medidas no solo son contrarias a los derechos, sino que también demuestran disciplina, y la libertad podría conciliarse en las tecnociudades.

Incluso los profesores pueden ayudar a modelar el comportamiento digital que esperan de sus alumnos. Los profesores que responden al teléfono las 24 horas del día, los 7 días de la semana o devuelven llamadas en medio de las clases pueden pensar que ese comportamiento es normal. Y, por otro lado, el profesor que desconecta deliberadamente el teléfono durante la clase envía una señal poderosa sobre concentración y dignidad. Los profesores predican con el ejemplo porque es necesario demostrar que uno está presente y no solo físicamente, sino mentalmente.

Instrucciones para la ciudadanía digital

Una de las mejores cosas que pueden hacer las escuelas es integrar lecciones de ciudadanía digital en el plan de estudios. En lugar de condensarlas en una semana o en un evento especial, el diálogo frecuente enseña a los estudiantes buenos comportamientos. Este tipo de educación suele abarcar:

1. **Seguridad y privacidad en línea** . Sepa cuándo tener cuidado con sus datos, contraseñas y correos electrónicos fraudulentos o de phishing.

2. **El acoso cibernético y la empatía** . Cómo reconocer las acciones negativas, cómo afrontar el acoso cuando ocurre y reconocer el poder emocional real del lenguaje en línea.

3. **Alfabetización mediática** : utilizar fuentes fiables en lugar de un montón de engaños, advertencias sobre clickbait y comprobar dos veces el contenido antes de publicarlo.

4. **Conciencia de la huella digital** . Comprender que sus publicaciones, comentarios e imágenes pueden perderse para siempre y podrían perjudicar sus futuras solicitudes de ingreso a la universidad o su búsqueda de empleo.

Si las escuelas las incluyen en las clases de estudios sociales, lengua y literatura o incluso en las de salud, muestran a los estudiantes que la ciudadanía digital no es una competencia independiente, sino una parte esencial de la vida contemporánea. Los estudiantes podrían hacer tareas sobre el tiempo que pasan frente a una pantalla, proyectos colaborativos sobre cómo se representan las redes sociales en las noticias o debates sobre la forma adecuada en que las empresas tecnológicas recopilan datos.

Los estudiantes que reciben formación para evaluar las redes sociales de forma cuidadosa y adecuada están mejor preparados para manejarlas sin perderse en sus aspectos menos productivos. Este tipo de aprendizaje holístico reconoce el hecho de que las redes sociales no van a desaparecer; los jóvenes deben ser capaces de cuidarlas en la universidad, en el trabajo y como ciudadanos responsables.

Las escuelas y las familias trabajan juntas.

Dado que los hábitos de uso de pantallas comienzan en casa, las mejores estrategias para lidiar con las distracciones de las redes sociales no deberían detenerse en el aula. Los padres que imponen mesas sin tecnología o cortes diarios del uso del teléfono refuerzan el orden en que se encuentran las escuelas después de la escuela por la tarde. Por el contrario, si los padres permiten el uso libre de las redes sociales en la casa, los estudiantes son bombardeados con señales contradictorias sobre cómo y cuándo se permite el contenido digital.

En la actualidad, muchas escuelas organizan talleres, seminarios o recursos escritos para que los padres creen mejores hábitos tecnológicos para toda la familia. Estas guías suelen exigir acuerdos de medios para toda la familia, estipulaciones en contratos escritos, como no usar la tecnología durante las noches, estaciones de carga lejos de las camas o controles semanales de salud mental y tiempo frente a la pantalla. Al incluir a los padres y a los estudiantes en el desarrollo de estas políticas, se logra la aceptación y se fortalece el vínculo de responsabilidad compartida.

Los consejeros y profesores de las escuelas también podrían ayudar a los padres y a los niños a hablar abiertamente sobre las demandas afectivas de las redes sociales. Por ejemplo, si un estudiante está atrasado en la escuela porque ha estado navegando en Internet hasta tarde por la noche, el profesor puede hacer que la familia se siente y haga una lluvia de ideas. Eso podría incluir trasladar el área de trabajo del estudiante a un espacio compartido o desactivar las notificaciones en los horarios de estudio. La escuela y la familia trabajan juntas, de modo que el mensaje se refuerce repetidamente a los estudiantes de que la atención y el aprendizaje deben adelantarse a las distracciones digitales.

Mirar hacia el futuro: ¿un deber público?

A medida que las redes sociales se integren cada vez más a la vida, su adopción en la educación seguirá creciendo. El principal desafío es encontrar un punto intermedio: cómo aprovechar la fuerza cooperativa y compartida de las plataformas sociales sin permitir que diluya las habilidades que requieren los estudiantes: atención, compromiso crítico e inteligencia emocional.

Para mantener este equilibrio, las escuelas deben ser proactivas y cambiar las políticas y las pedagogías a medida que cambian las tendencias y las tecnologías. El desarrollo profesional continuo de los docentes los mantiene actualizados con las últimas formas de integrar dispositivos digitales y abordar los riesgos. Los docentes también pueden fomentar una cultura de uso consciente y responsable de la tecnología, que esté en consonancia con un enfoque más amplio en el bienestar de los estudiantes.

Por último, las escuelas no tienen por objeto prohibir el acceso a personas ni repartir manuales, sino formar jóvenes capaces de utilizar las tecnologías digitales. Estos estudiantes deberían tener las habilidades académicas, así como la resiliencia y el discernimiento necesarios para comprender el campo minado de las redes sociales. La escuela puede convertir una posible barrera en una fortaleza identificando las distracciones, estableciendo límites saludables y aprovechando los entornos de aprendizaje social.

Este esfuerzo solo tendrá éxito si todas las partes, administradores, maestros, padres y los propios estudiantes, asumen su responsabilidad. Si todas las partes se comprometen a crear un entorno que esté centrado tanto en lo académico como en lo digital, la próxima generación de estudiantes estará preparada para participar, inventar y prosperar en un mundo en el que las fronteras entre lo online y lo offline son cada vez más difusas.

Capítulo 7. Normalización de la validación en línea

La era inicial de las redes sociales había ofrecido un espacio democrático para que los ciudadanos publicaran fragmentos de sus vidas, se mantuvieran en contacto con amigos e incluso iniciaran comunidades. Pero a medida que la tecnología avanzaba y las redes sociales crecían, surgió otro tipo de celebridad en línea: los influencers. Estos utilizan las redes sociales para seleccionar y comercializar sus propias marcas, con un número de seguidores tan grande o más que un ícono del entretenimiento clásico. Con sus brillantes selfies, estilos de vida ostentosamente glamorosos y patrocinios omnipresentes, los influencers han creado una omnipresencia de validación en línea a escala global, donde los me gusta, los comentarios y las publicaciones cuentan como monedas, donde la autenticidad y el espectáculo ya no distinguen a uno de otro.

Para los adolescentes en particular, la aparición de influencers no es solo un momento de celebridad, sino una manifestación de algo más grande: la normalización de la aprobación perpetua a través de métricas digitales. Este capítulo explora cómo los influencers y sus vidas seleccionadas han alimentado una búsqueda de validación externa y han generado estándares inalcanzables de éxito personal, imagen corporal y autoestima. Esta obsesión digital tiene enormes efectos dominó, impulsando trastornos alimentarios, dismorfia corporal y altas tasas de ansiedad y depresión. Al aprender cómo funciona esta normalización y sus costos mentales, los padres, maestros y los propios adolescentes tienen la oportunidad de desafiar las normas destructivas y participar de manera más segura en las redes sociales.

La era de los influencers y la adoración de las vidas artificiales

La fama predigital estaba reservada principalmente a las estrellas de cine, músicos y deportistas que estaban controlados por estudios, sellos discográficos y clubes deportivos. Con el auge de las redes sociales como Instagram, YouTube y TikTok, cualquiera podía empezar a atraer seguidores compartiendo detalles de su vida, su talento o su experiencia. Pronto, algunos de estos usuarios de las redes sociales (a quienes ahora llamamos "influencers") se hicieron visibles para los especialistas en marketing y atrajeron asociaciones y patrocinios lucrativos.

Cultura de las celebridades 2.0

A diferencia de las celebridades convencionales, que a menudo se sostienen con un papel, una actuación o una entrevista para mantener una identidad pública, los influencers construyen una imagen en torno a lo que parece ser su yo auténtico y cotidiano. Se nutren de la cercanía; los suscriptores creen que pueden echar un vistazo desde dentro a la vida privada del influencer, desde el maquillaje matutino hasta los viajes exóticos. Esta intimidad es lo que diferencia a los influencers de los actores o deportistas, que pueden parecer lejanos o inalcanzables.

Desde entonces, esta falsa intimidad ha dado lugar a una cultura de autenticidad selectiva. El contenido de los influencers se selecciona cuidadosamente para resaltar lo mejor de ellos: comida perfectamente cocinada, atuendos con las tendencias más actuales, familia o amantes siempre fotografiados en el momento más dulce. Aunque hay algunos influencers que buscan la apertura compartiendo sus luchas, el método predominante sigue siendo mostrar vidas de ensueño. Para los adolescentes, esta comunicación puede ser de doble filo. No solo están todavía en las primeras etapas de la construcción de la identidad, sino que nunca han tenido una experiencia de vida para apreciar lo perfecta que puede ser una identidad en línea.

La economía de la validación

Instagram también anima a los influencers a crear contenido estéticamente atractivo. No es raro que los algoritmos impulsen las publicaciones orientadas a la interacción (me gusta, comentarios, publicaciones compartidas) a más usuarios. La combinación crea un ciclo interminable de influencers que perfeccionan constantemente su imagen en línea, tratando de captar la próxima moda viral para seguir siendo relevantes y ganar dinero. Las recomendaciones de marcas, los enlaces de afiliados, las publicaciones patrocinadas y otras formas de monetizar al influencer dependen de lo popular que se sienta.

En estos escenarios, la búsqueda de validación en línea se convierte en un imperativo financiero para el emprendedor de las redes sociales. Cuando pueden estar en juego decenas o incluso cientos de miles de dólares por la participación en una sola publicación, no es de extrañar que los influencers puedan permitirse fotos profesionales, suites de edición e incluso aplicaciones de contorno corporal. Esta hipercuración no hace más que reforzar la fantasía de una realidad casi perfecta, una fantasía que toca los ojos sensibles.

Cómo la credibilidad en línea permite expectativas soñadoras en los adolescentes

Métricas y autoestima

Como término de desarrollo, la adolescencia se define como una mayor exposición a las críticas de los compañeros. Los adolescentes no tienen miedo de mirar más allá de la familia para averiguar las expectativas sociales, evaluar su lugar en un grupo y formar una autoimagen. Las redes sociales amplifican estas tendencias. En lugar de aprender de un pequeño grupo de amigos, los adolescentes pueden ser bombardeados con críticas instantáneas de cientos o miles de extraños y amigos. Una pendiente ascendente de "me gusta" puede resultar estimulante, mientras que una caída descendente puede evocar miedo e inseguridad.

Este tipo de comentarios rápidos pueden preparar a los adolescentes para recibir una validación de formas cada vez más reductivas o externas. En lugar de elevarse a sí mismos en función de algún tipo de logro, búsqueda o mérito personal, pueden atribuir su autoestima a la cantidad de seguidores que tienen o a la rapidez con la que una publicación obtiene "me gusta". Aunque la validación es el deseo humano, depositar toda nuestra fe en las estadísticas digitales a menudo sienta las bases para el ego. Cualquier publicación que no tenga un buen desempeño o un comentario duro puede arruinar la autoestima de un adolescente.

Comparación social y FOMO

Los usuarios de las redes sociales, y especialmente las propias celebridades, a menudo suben contenido sobre éxtasis , vacaciones, moda, romance, en lugar de dolor cotidiano o experiencias ordinarias. Y ese goteo constante de videos destacados y pulidos es una realidad desencantada para los adolescentes que se desplazan sin parar y sienten que todos los demás viven una existencia más emocionante y satisfactoria. Esto es lo que los psicólogos llaman "comparación social", y las redes sociales lo amplifican al permitirnos comparar cosas de una manera visual y en vivo, en cualquier momento del día.

El miedo a perderse algo (FOMO) aumenta estos sentimientos. Si a un adolescente le dicen que sus amigos fueron a una fiesta a la que no estaban invitados, o que su influencer favorito está viviendo un sueño, puede considerar su experiencia como algo negativo. A largo plazo, estas comparaciones conducen a falsas esperanzas, no solo sobre cómo debería ser la vida, sino también sobre cuán rápido debería alcanzar la fama, la popularidad o la belleza.

El rendimiento por encima de la autenticidad

Cuando estas normas se aceptan, los adolescentes pueden incluso querer imitar lo que ven en los influencers. Pueden utilizar fotografías para que parezcan más felices o más exitosos de lo que son en realidad, adoptar ediciones comunes para que se vean mejor o presentar relaciones como demasiado sofisticadas. Pero en el proceso, la expresión genuina puede perder prioridad sobre la imitación.

En lugar de crear y publicar cosas basadas en lo que realmente les importa a los adolescentes, estos pueden buscar las tendencias que generan mayor participación. Y, con el tiempo, esta mentalidad de "mostrar o contar" puede acabar con la investigación y el desarrollo auténticos. Los adolescentes pueden ponerse ansiosos o deprimidos cuando descubren que la aceptación en línea, por mucho que se esfuercen por conseguirla, rara vez es verdaderamente significativa.

Conexiones con problemas de imagen corporal

Apoyo a las simulaciones de belleza delgadas

Tal vez el impacto más evidente de la democratización de la aprobación digital se da en la imagen corporal. Los influencers publican fotografías muy editadas o manipuladas que presentan sus cuerpos en una imagen perfecta, con cinturas densas, piel radiante, músculos suaves, etc. La publicidad ha impulsado durante mucho tiempo los ideales de belleza hipersensibilizados, pero con la era de los influencers, son personales y alcanzables. Debido a que los influencers se hacen pasar por normales, uno siente que cierta forma corporal o apariencia es solo una cuestión de disciplina y hábito, enterrando la importancia de la genética, los estilistas profesionales o la edición digital.

Para un adolescente que no se siente seguro de su apariencia, estas exhibiciones imparables son brutales. La gente asume que debe parecerse a su ídolo o que no hacerlo significa que es malo. Y como el ciclo de retroalimentación social recompensa las publicaciones con características tradicionales y hermosas, la representación editada del influencer también gana más exposición, lo que perpetúa una red de altas expectativas que se autocorrigen.

Edición de fotografías y filtros

En el centro de estas distorsiones se encuentra la adopción generalizada de software y filtros de edición de fotografías. Un adolescente puede no tener la seguridad mental de que una imagen está alterada, pero tiene una fuerte resonancia emocional. Si se muestra repetidamente el mismo rostro con la piel plana y rasgos extremos y simétricos, la mente adopta esas imágenes como un símbolo de belleza natural. Por lo tanto, los adolescentes pueden volverse excesivamente críticos consigo mismos y considerar cada pequeño defecto como un gran problema.

En respuesta, podrían intentar retocar sus propias fotos para mejorarlas antes de compartirlas, eliminar una imperfección o aplanar una cintura. Estos pequeños cambios se van acumulando y, con el tiempo, forman una identidad muy alejada de la verdad. La oleada de dopamina que producen los "me gusta" y los elogios a estas fotos alteradas puede reforzar la idea de que el yo digital "expuesto" merece más la pena que se le preste atención a la versión inalterada.

Trastornos alimentarios y la búsqueda de la "perfección"

Validación, trastornos alimentarios. La conexión

El mal humor, acompañado de expectativas poco realistas en las redes sociales, está relacionado con los trastornos alimentarios. Los adolescentes que se ven obligados a adoptar un tipo de cuerpo determinado también pueden adoptar dietas basura o rutinas de ejercicio extremas. Otros pueden adoptar regímenes de control de calorías, episodios de atracones con culpa o rituales de purga con la esperanza de llegar a tener el cuerpo de un influencer.

Las imágenes de Instagram que promueven una "alimentación limpia", ejercicios intensos o dietas cetogénicas son a la vez un motivador y un incentivo letal. Los adolescentes que escuchan a sus influencers favoritos promocionar un determinado régimen podrían no darse cuenta de que el régimen es insostenible, arriesgado para la salud o simplemente está diseñado a medida de los paquetes de patrocinio de ese influencer. Cuando los "me gusta" y los comentarios repetidos elogian el esfuerzo o la transformación del influencer, los adolescentes aprenden que esto no solo es aceptable sino deseable.

Hashtags y comunidades en línea

Otro problema son los grupos que surgen en torno a esos extremos. Los hashtags de las redes sociales que promueven la pérdida rápida de peso o tipos de cuerpo específicos crean un saludable juego de comparaciones. En algunas áreas de las redes sociales, los sentimientos a favor de los trastornos alimentarios prosperan implícitamente al elogiar a las personas que muestran cuerpos inusualmente delgados o dietas restrictivas. Los adolescentes que se topan con estas comunidades podrían obtener la aprobación de conductas destructivas.

Aunque las grandes plataformas han intentado restringir o excluir el contenido que explícitamente se apoya en anuncios sobre trastornos alimentarios, esta no siempre es una estrategia eficaz. Se desarrollan hashtags o palabras clave para evadir la detección, pero los niños también pueden encontrar publicaciones que los desencadenen. El ciclo de audiencia, producción y distribución de usuarios de las redes sociales puede aumentar la visibilidad de los mensajes negativos, en particular cuando resuenan con ideas profundamente arraigadas sobre la belleza.

El costo psicológico de la comparación constante

Ansiedad, depresión, baja autoestima.

Esta búsqueda de validación en línea no es simplemente una maldición para el cuerpo. Tiene ramificaciones psicológicas más amplias. Y puede generar ansiedad en los adolescentes cuando revisan sus notificaciones de manera maniática y se preocupan por el desempeño de cada publicación. Una opinión negativa puede superar a docenas de opiniones positivas y se desata una tormenta de dudas sobre uno mismo. Este estrés también puede conducir a síntomas depresivos con el tiempo si un adolescente queda atrapado en la rutina de buscar la aprobación sin obtenerla nunca.

El aspecto curativo de la vida de los influencers también aumenta la sensación de que la experiencia personal es atípica o vergonzosa. Los adolescentes que atraviesan momentos difíciles en casa o en la escuela pueden preguntarse por qué no pueden imitar a las personas alegres y divertidas que encuentran en línea. Ese fracaso personal reducirá aún más la autoestima, creando un círculo vicioso de fracaso en cada nuevo intento de validación.

El papel de la neurobiología

Los estudios cerebrales confirman que la afirmación en las redes sociales es como la adicción a las drogas. Los "me gusta" y los comentarios liberan dopamina y brindan una oleada temporal de placer. Tan pronto como esa alegría desaparece, los adolescentes quieren más "me gusta", más interacción, más validación en línea. Y con el tiempo, eso los hará dependientes, exponiéndolos a las emociones asociadas con las críticas volátiles en línea.

Los influencers son el tipo de modelos a seguir que parecen haber aprendido a llamar la atención. Los jóvenes que se comparan con los influencers por sus inagotables me gusta, patrocinadores y críticas positivas de los fans pueden pensar que son bajos de estatura. Estas dudas solo pueden aumentar si el mundo real del adolescente, la escuela, el hogar o los amigos no expresan la misma gratitud.

Cómo aceptar el reto y difundir normas más saludables

Educación en alfabetización mediática

La forma más productiva de luchar contra la legitimación de la validación en línea es mediante la formación en alfabetización mediática. En las escuelas y en los programas comunitarios, los adolescentes pueden aprender a analizar el contenido de las redes sociales, a detectar ediciones y procesos de filtrado, y a saber qué impulsa la economía de la cultura de los influencers. Con un ojo crítico, los adolescentes tienen menos probabilidades de asimilar estas instantáneas editadas como la imagen definitiva del mundo real.

La alfabetización mediática puede incluso implicar hablar de feeds algorítmicos, de cómo las empresas obtienen lo que genera más interacción, de cómo incentivan el contenido sumamente sensacionalista o exagerado. Los adolescentes que comprenden que esos algoritmos tienden a favorecer lo extremo tienen menos probabilidades de creer en los estilos de vida "ideales" que aparecen en sus monitores.

Fomentar la autenticidad y la diversidad

Las familias, los educadores y los gurús de la salud pueden reescribir la historia celebrando las formas corporales, los estilos de vida y las aspiraciones de todos los rincones del mundo. Cuanto más puedan ver los adolescentes modelos a seguir que encarnen todas estas cosas, otros que luchan libremente, tienen defectos o desafían los estereotipos, más cómodos se sentirán consigo mismos. Las organizaciones de salud mental o de organismos también son clave para construir comunidades seguras en línea.

A nivel individual, se puede enseñar a los adolescentes a publicar sobre sus verdaderos intereses en lugar de sobre temas de moda. Compartir una obra de arte, una canción, un pensamiento o un fragmento de su experiencia diaria puede ayudarlos a encontrar su autoestima en función de los sentimientos en lugar de simplemente recibir validación.

Ayuda profesional y comunicación abierta

En casos extremos, cuando los adolescentes presentan síntomas de trastornos alimentarios, dismorfia corporal o ansiedad atroz, puede ser necesaria la ayuda de un profesional. Los consejeros, terapeutas y pediatras pueden ofrecer sugerencias sobre cómo manejar las redes sociales, desarrollar mecanismos de afrontamiento y reconstruir una autoestima positiva. Se puede ayudar a los adolescentes animando a los padres y cuidadores a mantener conversaciones constantes y sin prejuicios sobre las actividades en línea, con los adolescentes, en las que se les enseñe que son más que una colección de números en un monitor.

Las familias también deberían establecer límites en cuanto al uso de los dispositivos, como por ejemplo comidas sin tecnología o descansos programados frente a la pantalla. Estos límites pueden parecer difíciles de aplicar al principio, pero en general reducen la conducta adictiva asociada con la aprobación en línea. También alientan a los adolescentes a realizar inversiones fuera de línea en pasatiempos, amigos y superación personal, lo que demuestra que las experiencias vivenciales tienen una importancia más a largo plazo que los puntos de popularidad en línea.

Futuro. Construyendo un ecosistema digital equilibrado

La normalización de la validación en línea, impulsada en gran medida por el poder de los influencers, ha dejado a los adolescentes incapaces de distinguir entre la autoexpresión genuina y la puesta en escena para ganar puntos digitales. Esta cultura los empuja al límite en pos de una apariencia perfecta, un juego sin fin y la validación pública a costa de su propio crecimiento y bienestar. La conexión con problemas como la dismorfia corporal y los trastornos alimentarios solo aumenta la magnitud del problema, mostrando cómo los ideales digitales pueden tener efectos prácticos y destructivos.

Pero eso no es tan sombrío. Estas presiones son cada vez más reconocidas, lo que lleva a debates sobre la salud mental, la ciudadanía en línea y el papel de las redes sociales. Al promover el pensamiento, modelar la autenticidad y ofrecer espacios donde los adolescentes puedan explorarse libremente sin críticas, el público puede comenzar a trabajar para mitigar el lado negativo de la cultura de los influencers. Al hacerlo, fomentaremos una fuerte confianza en uno mismo, una mejor conexión con el propio cuerpo y una actitud realista hacia las cosas que importan, tanto dentro como fuera de Internet.

Por último, como todavía estamos al borde de la era digital, no queremos glorificar a los influencers ni a las redes sociales, queremos enseñarles una sutil lección sobre su autoridad. El arte de filtrar la realidad de la curaduría es una habilidad que se debe adquirir y desarrollar con el tiempo, al igual que todo lo demás relacionado con el uso de las redes sociales, especialmente para los adolescentes. Con un esfuerzo colectivo, de profesores, padres, empresas tecnológicas y los propios influencers, esta joven generación puede utilizar las redes sociales como una plataforma de inspiración y conexión en lugar de un índice de autoestima.

Capítulo 8. Implicaciones a largo plazo

Para la mayoría de los padres, el futuro promete algo y nada. Imaginamos a nuestros hijos ocupando su lugar como adultos seguros, con un buen desempeño escolar, con carreras gratificantes y con relaciones saludables. Pero los mundos digitales que forman gran parte de su existencia contemporánea pueden tener otras implicaciones, muy diferentes, una vez que se conviertan en adultos que trabajan o en líderes comunitarios. Este capítulo mostrará cómo el uso intensivo de las redes sociales podría afectar habilidades vitales como la concentración, el pensamiento crítico y la comunicación, y lo que podría suceder en la sociedad si no se controla la situación actual. Los padres pueden hacer lo correcto hoy considerando estas consecuencias a largo plazo y hacer una contribución para proteger el futuro de sus hijos como adultos capaces, responsables y resilientes.

La erosión del enfoque

Interrupción constante y enfoque confuso.

Imaginemos cómo será una oficina normal dentro de diez años: será más rápida, más automatizada y tal vez incluso más esclavizada digitalmente que ahora. Las herramientas de alta tecnología pueden ayudar a la productividad, pero los trabajadores seguirán necesitando concentrarse intensamente en el análisis, la imaginación o la resolución de problemas complejos. Pero lo que muchos niños están haciendo ahora (mirar el teléfono, navegar por Internet, descuidar) puede estar preparándolos para un mundo en el que la atención es esquiva.

Esos padres ya comprenden la velocidad con la que las pantallas digitales están monopolizando la atención de los niños. Pueden empezar a hacer los deberes pero distraerse con las aplicaciones de juegos, sumergirse en una conversación familiar y ser interrumpidos por el último vídeo viral o no terminar las tareas del hogar porque son adictos a las notificaciones. Si no se controlan, estos patrones pueden perdurar hasta la adolescencia y la edad adulta. A un niño acostumbrado a las distracciones puede resultarle difícil concentrarse en un proyecto desafiante o mantener el esfuerzo mental para abordar cuestiones complejas cuando está trabajando.

Miedo, estrés y evasión del trabajo

Otra preocupación sobre la atención fragmentada es que está asociada con un aumento del estrés y la ansiedad. Si la mente de un niño va y viene constantemente entre múltiples entradas, mensajes de texto, videos de YouTube, tareas, el trabajo se ralentiza. Esto, en un contexto empresarial, puede dar lugar a silos, inercia y falta de pensamiento innovador. La inestabilidad política y social, el estancamiento económico y la desigualdad global podrían ser el destino de las sociedades que caen en este modo de pensamiento estrecho y polarizado.

La decadencia del pensamiento crítico

Desnatar en lugar de procesar

Más allá de la concentración y el pensamiento, la mensajería instantánea es otro espacio en el que el éxito futuro de los niños puede verse amenazado. 'La comunicación silenciosa cara a cara requiere que leamos, gesticulemos, expresemos los ojos, articulemos la voz, todo aquello que está más allá de las palabras. Sin embargo, hoy en día los niños dependen a menudo de mensajes de texto, emojis o fragmentos rápidos de vídeos. Estos dispositivos son útiles, pero no revelan realmente la gama de mensajes no verbales que determinan la percepción humana.

Los niños que no dominen estas señales cara a cara tendrán dificultades para interpretarlas en futuras entrevistas de trabajo, reuniones de equipo o negociaciones con clientes. Sus amigos o jefes pensarán que son distantes, sarcásticos o simplemente menos agradables. Estas lagunas en la inteligencia emocional y las habilidades sociales pueden dejar rápidamente a talentos que de otro modo estarían cualificados al margen de un lugar de trabajo altamente competitivo.

Los peligros de la apreciación instantánea

Los niños expuestos al mundo de los "me gusta" y la gratificación en las redes sociales pueden asumir que todo es una retroalimentación rápida y agradable. Las conversaciones reales, incluso las conversaciones que implican resolver una disputa o decidir algo que debe resolverse con precisión, no funcionan así. Lleva tiempo llegar a un acuerdo, sopesar alternativas y pulir ideas en conjunto. Un niño que no está preparado para tales cosas puede enojarse fácilmente, rechazar contribuciones valiosas o simplemente resistirse a un diálogo difícil.

Estos patrones pueden obstaculizar no solo el progreso profesional, sino también las relaciones íntimas. El matrimonio, la amistad, la familia... todos ellos requieren escuchar atentamente, dar una oportunidad a los demás y ser paciente con los desacuerdos. A medida que los niños se acostumbran a la comunicación digital rápida y sencilla, no están preparados para la profundidad y los matices de las interacciones humanas de la vida real.

Desafíos futuros de la fuerza laboral

Trayectorias profesionales limitadas

Todo esto, una menor capacidad de atención, un menor pensamiento crítico y una menor capacidad de comunicación son suficientes para socavar las habilidades de los niños para el mercado laboral. Incluso los empleos más resistentes y lucrativos implican años de esfuerzo mental, flexibilidad y comunicación humana. La medicina, la ingeniería, las finanzas, la gestión, la informática e incluso los campos creativos como el diseño o la producción cinematográfica dependen de la capacidad del trabajador para concentrarse, resolver problemas y trabajar en equipo.

La mayoría de las generaciones han crecido sin estas habilidades, por lo que nos enfrentamos a un mercado laboral en el que muchas personas no están cualificadas para puestos de trabajo altamente especializados y a un debilitamiento de la economía del país. Mientras tanto, los rivales de todo el mundo , los niños de otros países con mundos digitales potencialmente más regulados, podrían dejar a nuestros empleados en la oscuridad en lo que respecta a la innovación, la productividad y la competitividad.

El emprendimiento y la innovación en peligro

El espíritu emprendedor es parte de una economía sana, de personas que crean empresas, desarrollan nuevas tecnologías y cambian el orden antiguo. Sin embargo, el éxito empresarial suele depender de factores como la perseverancia, el ingenio, la planificación y la capacidad de ver el potencial. Es posible que los niños que están inmersos en redes sociales desenfrenadas no adquieran estas cualidades. La inundación de material en línea puede acabar con los momentos tranquilos de reflexión, en los que podrían idear la próxima gran idea.

Además, una generación que valora las interacciones inmediatas y abrasivas por encima del pensamiento serio y la exploración podría simplemente acabar con la innovación. Resolver un problema significa trabajar con la complejidad, cometer errores y recopilar comentarios. A falta de tiempo y de una mirada crítica para abordar grandes problemas, muchos genios fácilmente volverían a caminos fáciles que no abren nuevas fronteras ni crean soluciones transformadoras.

Impacto social si las tendencias siguen siendo las mismas.

Construcción de comunidad y cohesión social, abrazando a la comunidad.

Más allá del lugar de trabajo, la sociedad en su conjunto también puede ser destruida si una generación crece sin la inteligencia social y emocional necesaria para afrontar los hechos concretos.

Fomentando habilidades del mundo real

Los padres pueden fomentar un entorno offline enriquecedor para preservar el futuro a largo plazo de sus hijos. Organice actividades que requieran atención y concentración: rompecabezas, arte, lectura, incluso salidas que fomenten la responsabilidad. Inclúyalos en clubes, actividades deportivas o proyectos de servicio que impliquen coordinación y resolución de problemas en persona. Dedique tiempo a escuchar durante las comidas familiares o los viajes en coche, escuchando con atención activa y compasión.

Los padres también pueden actuar como agentes de su propio comportamiento. Los niños observan con la mirada: si ven a los adultos pasar todo el día frente a las pantallas, saltándose las conversaciones cara a cara o metiéndose en discusiones en línea, esos patrones se mantendrán. Por el contrario, si los padres ponen límites tecnológicos, como no usar ningún dispositivo en la mesa o fuera del horario laboral, los niños aprenden una receta para un uso moderado de lo digital.

Abogando por un cambio sistémico

Por último, los padres que se preocupan por el futuro de sus hijos también pueden tomarse un descanso de la familia. Las escuelas, los grupos comunitarios y las empresas tecnológicas tienen su parte. Los padres pueden participar o ser anfitriones de debates sobre programas de ciudadanía digital en sus comunidades, de modo que los profesores enseñen a los niños a comprobar los hechos, ser civilizados en línea y evitar las distracciones cuando estudian. También pueden apoyar proyectos de ley para controlar el comportamiento digital abusivo o defender la responsabilidad corporativa en función del bienestar del usuario en lugar de las ganancias económicas.

Fuera de los canales formales, las iniciativas informales, como la celebración de fiestas de "sábado tecnológico" (donde las familias se reúnen para pasar un día sin tecnología), también pueden ampliarse y convertirse en actividades colectivas. Es ese esfuerzo colectivo el que crea una cultura de conexión y compromiso intencional, y crea una generación mejor preparada para afrontar las exigencias de la edad adulta.

Avanzando con esperanza

Los efectos a largo plazo del uso descarado de las redes sociales son, sin duda, preocupantes. Si usted es padre, es posible que le inquiete un poco pensar que su hijo crezca en un futuro dominado por lo digital, que premia las respuestas inmediatas, lo inunda con una selección interminable de contenidos y le deja poco tiempo para reflexionar. Puede ser devastador pensar que se pierdan oportunidades simplemente porque no están motivados para trabajar en tareas complejas o no tienen habilidades de comunicación que les permitan destacarse entre los demás.

Pero ser consciente de estos peligros también es empoderador. Conocer las amenazas brinda la oportunidad de evitarlas. Ya ha dado el primer paso para aprender más sobre las formas en que las redes sociales envuelven a los niños, algo que la mayoría de los padres desconocen. Con este conocimiento, está bien preparado para guiar a su hijo hacia la cordura digital.

Los capítulos siguientes cubren intervenciones prácticas, que van desde la creación de límites firmes y equitativos frente a las pantallas hasta la garantía de que los niños desarrollen un conjunto de herramientas para afrontar situaciones y pensar de manera crítica. Exploremos cómo las escuelas, los vecindarios y los gobiernos pueden unirse para crear espacios que fomenten el uso responsable de la tecnología. También hablaremos sobre cómo mantener conectadas a las familias a pesar de los atractivos digitales. Lo más importante es que señalaremos que se pueden aprovechar los beneficios de las redes sociales y la tecnología sin caer en su lado más oscuro.

El cuidado que usted presta a su hijo en un mundo digital es una actitud genuina de padre-madre. No es el único que tiene estas preocupaciones; millones de padres las tienen todos los días. Si persiste en leer, cuestionar e implementar las lecciones que ha aprendido, no solo protegerá el futuro de su familia, sino que también será parte de un cambio cultural más amplio, uno que nos hará a todos más conscientes de que la tecnología puede cambiar, pero las habilidades de una vida feliz y exitosa aún dependen de la conexión humana, la autocomprensión, la empatía y la resiliencia. No es fácil, pero si somos sensibles a las dificultades y tomamos decisiones reflexivas, podemos guiar a nuestros hijos hacia un futuro en el que sus habilidades, salud y valores florezcan, sin importar cuán conectado esté nuestro mundo en línea.

Parte 3. Romper el ciclo

Capítulo 9. La ciencia de la adicción digital

Primera toma. Un nuevo tipo de antojo.

Nuestros hijos, como padres, están acostumbrados a tener sus caras iluminadas por la pantalla de un teléfono inteligente, ya sea para enviar mensajes de texto a sus amigos, ver memes o ver los videos más virales. Lo que comienza como una diversión benigna puede ser mucho más matizado, un tipo de compulsividad que la ciencia cada vez más equipara con la adicción. El capítulo repasa lo que la neurociencia ha descubierto sobre cómo las redes sociales se apoderan del mecanismo de recompensa en el cerebro y por qué los cerebros jóvenes son particularmente propensos a estos abrazos en línea. Al descubrir estos mecanismos, los padres pueden entender qué hay detrás de la compulsión por las redes sociales y cómo pueden romper el hábito antes de que sea demasiado tarde.

El cerebro juvenil bajo la lupa

Maleabilidad y plasticidad

Tal vez la característica más llamativa de la adolescencia sea un alto nivel de plasticidad neuronal, la notable capacidad del cerebro para remodelarse a sí mismo con el tiempo. Los investigadores han descubierto que la adolescencia es un período para podar o consolidar conexiones en el cerebro. Esta plasticidad facilita el aprendizaje rápido (imaginemos con qué rapidez un adolescente aprende un nuevo juego de computadora o aprende una serie de bailes virales), pero aumenta la susceptibilidad a la conducta adictiva.

En esencia, el cerebro adolescente es "más plástico" que el adulto y, por lo tanto, está más dispuesto a adquirir nuevas rutinas, habilidades y hábitos. Pero no todos los comportamientos formados en esta etapa son productivos. Cuando se arraiga un flujo constante de desplazamientos, saltos de aplicaciones sociales e impulsos dependientes de la dopamina, los circuitos neuronales que respaldan estos impulsos pueden quedar cableados.

Controles inhibitorios inmaduros

Además de la plasticidad, los adolescentes carecen de controles inhibitorios en la corteza prefrontal, el lugar donde se planifica a largo plazo, se regulan los impulsos y se reprimen. Y como no se vuelve completamente funcional hasta bien entrados los 20 años, los adolescentes tienden a recurrir a los centros emocionales y de recompensa del cerebro, como el estriado ventral. Cuando aparece una alerta en las redes sociales, un adolescente puede no ser capaz de resistirse, no porque sea malo, sino porque sus frenos cognitivos todavía están en funcionamiento.

Estos adolescentes alcanzan la mayoría de edad y los hábitos que crean durante su adolescencia tienden a persistir. Los adolescentes también pueden volverse adictos a las redes sociales, pero están especialmente preparados para adoptar patrones que les brindan gratificación inmediata como preparación para conductas futuras a las que les resultará difícil resistirse.

Dopamina recargada. Más allá de lo básico

Errores en la predicción de recompensas

Nadie desconoce la dopamina como la sustancia química del "bienestar", pero los investigadores han perfeccionado su concepto. La dopamina no sólo puede proporcionar placer, sino que también puede predecir recompensas en el futuro. Cuando los niños pulsan una notificación y quieren algo sorprendente o reconfortante, el cerebro simplemente calcula un "error de predicción de recompensa". Si algo es más interesante o satisfactorio de lo esperado, se libera dopamina y obtenemos un recuerdo nítido de la sorpresa. Si es decepcionante, la señal de dopamina se agota y sentimos un extraño deseo de intentarlo otra vez y ver si la próxima vez será más satisfactorio.

Este sistema, diseñado para empoderar a los seres humanos mediante la enseñanza, se ve fácilmente superado por el diseño de las redes sociales. Los adolescentes reciben una avalancha de actualizaciones aleatorias e incluso emocionantes, desde chistes hasta elogios personales. El misterio de lo que se esconde detrás de cada ping desencadena un patrón perpetuo de comprobar, comprobar y volver a comprobar que transforma el uso diario del dispositivo en una ilusión.

Niveles de estimulación y recompensa para trastornos crónicos.

La exposición repetida a cualquier estímulo placentero aumenta el umbral de satisfacción (un concepto conocido en la literatura sobre adicciones como tolerancia). Lo mismo ocurre con el mundo online: un niño que se emocionaba al conseguir 10 "me gusta" en una publicación puede estar descontento al poco tiempo hasta que consigue 50 o 100. Este cambio en la línea de base puede impulsarlo a pasar más tiempo en línea, imaginando imágenes o probando cosas nuevas para mantener la recompensa.

Además, siempre hay un teléfono inteligente presente, por lo que prácticamente siempre está disponible para encontrar el próximo "golpe". Un momento de aburrimiento se puede aliviar abriendo una aplicación. A medida que el cerebro madura, es menos sensible a los placeres sabrosos del mundo tangible, de comer o simplemente hablar con otras personas, en una conversación más lenta y a un ritmo humano, y se centra más en los estallidos de satisfacción efímeros y de alta tensión que ofrece el mundo digital.

Obsesión, deseo y gestión. Sinergias con los trastornos por consumo de sustancias

Formación del hábito del estriado dorsal.

Los científicos que estudian las similitudes entre la adicción a las sustancias y la dependencia digital se han centrado en una región del cerebro llamada el estriado dorsal. Aunque tradicionalmente se asocia con la actividad rutinaria , como andar en bicicleta o atarse los cordones de los zapatos, esta área puede programarse para que se comprueben habitualmente el teléfono o se desplacen sin pensar. Con el tiempo, un acto que inicialmente se produjo como una intención declarada se convierte en un comportamiento natural iniciado por un estímulo ambiental (la visión de un teléfono, el sonido de una notificación o un momento de inactividad).

Estas conductas condicionadas son similares a las que se dan en las adicciones a las drogas, en las que las personas recurren a la misma droga en momentos diferentes en busca de estímulos diferentes, incluso cuando ya no experimentan la misma euforia inicial. Un adolescente puede contestar el teléfono al final de cada clase o en cada semáforo en el coche, por costumbre más que por motivación.

Regulación emocional y refuerzo negativo.

El refuerzo negativo es otra área en la que el uso de las redes sociales y las drogas se superponen. La adicción a las drogas o al alcohol puede desarrollarse cuando las personas abusan de las drogas o el alcohol para "dormir" las emociones negativas, el estrés, la ansiedad o la depresión. Los niños también usan las redes sociales para medicarse cuando están aburridos, solos o incómodos. Son las distracciones en pantalla de las plataformas las que pueden aliviar esos estados de ánimo negativos por un rato.

Sin embargo, este alivio es fugaz. El estrés que se genera no se soluciona y el niño vuelve a sufrir otra dosis de entumecimiento digital. Al final, se instala el ciclo de retroalimentación negativa. El niño depende del desplazamiento como modo de respuesta predeterminado, lo que debilita su capacidad para afrontar obstáculos de formas más saludables y fuera de línea.

El "zumbido fantasma" y otras rarezas neurológicas

Vibraciones fantasmas y estrés anticipatorio.

Muchos usuarios de teléfonos móviles, incluso adolescentes, experimentan "vibraciones fantasma", la sensación de que su teléfono vibró pero no fue así. Es una peculiaridad que te hará reír, pero tiene bases neurológicas más complejas. Un cerebro programado para recibir mensajes constantes puede confundir sensaciones físicas débiles, como el movimiento de la ropa o temblores musculares, con mensajes telefónicos.

El ejemplo del mundo real es la hipervigilancia. Los niños viven en un estado de alerta casi constante, esperando la próxima actualización. Este vigilantismo es mental y emocionalmente agotador y puede provocar una ansiedad leve que desaparece durante el día y privación del sueño.

Cambios en las líneas de base de la atención

A medida que los niños se acostumbran a revisar los dispositivos constantemente, la norma básica para la asignación de la atención cambia. Si un adolescente rara vez pasa más de unos minutos sin mirar una pantalla, la atención sostenida se convierte en una excepción, no en la regla. Este proceso puede, con el tiempo, limitar la capacidad de un niño para leer textos más largos, resolver problemas más difíciles o permanecer desconectado de actividades como deportes o artes , habilidades que eventualmente necesitará para prosperar como adulto.

Entorno social de la dependencia digital

Presión de grupo y reglas digitales

Las redes sociales también son más aceptables que la mayoría de las demás drogas en el grupo de pares. De hecho, los niños que no tienen acceso a algunas de estas plataformas pueden terminar aislados y "fuera del circuito". Esta dinámica puede amplificar su uso compulsivo; no solo en busca de dopamina, sino también para mantenerse socialmente competitivos. Si ignoras estas redes en línea, puedes experimentar FOMO (miedo a perderse algo) o sentirte "demasiado viejo".

Por lo tanto, la adicción digital no solo tiene bases neurológicas, sino también culturales. La razón por la que un niño se siente tan atraído a mirar su teléfono no es solo la autogratificación, sino también mantenerse al día con los chats grupales, los memes o las noticias diarias de sus amigos. Esta doble presión, de deseos y normas internas, refuerza el control que tienen las redes sociales.

Modelado familiar en el hogar

Los niños no adquieren hábitos en el vacío. Están acostumbrados a ver a los adultos con el móvil en la mesa, a abrir correos electrónicos todo el día o a experimentar la vida en el mundo de las redes sociales. El niño considera estas tendencias de conectividad casi constante como el modo predeterminado de comportamiento "adulto". Ya sea por negocios o para enviar mensajes urgentes, la lección que aprenden los niños es que revisar los dispositivos es una función inevitable, casi autobiográfica, de la vida diaria.

Este tipo de modelado puede consolidar la sensación de que, si se quiere ser un adulto funcional, es necesario estar conectado constantemente. Esto significa que el niño y el padre pueden no ser capaces de superar los hábitos digitales que se refuerzan mutuamente, aunque comprendan las consecuencias para la capacidad de atención, la estabilidad emocional y la vida familiar.

Reconocer problemas. Señales de advertencia y soluciones

Cambio de prioridades personales

El mejor indicador de que las redes sociales se han vuelto adictivas es la reorganización de las prioridades. Cuando un niño renuncia repetidamente a actividades que no sean la escuela, a salidas familiares o a dormir para pasar tiempo en las redes sociales, la plataforma se ha vuelto excesivamente importante. Sin embargo, la clave para los padres es si estos cambios son transitorios (una gran noticia en línea, por ejemplo) o recurrentes.

Alguien cuyo pasatiempo favorito era el baloncesto pero que ahora pasa horas en su dormitorio usando las redes sociales podría estar experimentando un cambio en la forma en que encuentra placer o validación. A veces, incluso deja de sentir la satisfacción que antes le proporcionaban sus actividades fuera de línea, ya que su cerebro necesita la estimulación más rápida e intensa de las actividades en línea.

Disminución de la resiliencia emocional

A medida que las redes sociales se convierten en un antídoto contra el estrés o el dolor, los niños pueden tener menos medios para afrontar la inevitabilidad de la vida. Pueden volverse impacientes, frustrados o tener cambios de humor erráticos cuando no están en Internet. La causa de esta agitación emocional suele ser más subyacente: el niño no ha tenido suficiente práctica para afrontar el aburrimiento, la ansiedad o los conflictos en el mundo real. En cambio, recurre al mundo virtual en busca de estimulación y alivio a corto plazo.

Esta falta de capacidad de adaptación puede acabar traduciéndose en problemas en la escuela, con los amigos o en las relaciones familiares. Incluso la más mínima decepción puede ser devastadora si los niños no poseen ya una reserva de resiliencia que el mundo digital pueda calmar temporalmente.

Caminos para romper el ciclo

Cultivando "intermedios digitales"

Dado que las pantallas están por todas partes, las prohibiciones drásticas de las mismas tienden a ser contraproducentes en términos de provocar rebelión o uso ilícito. En lugar de eso, implemente descansos digitales en horarios programados, 30 minutos por la noche en los que todos (incluidos los padres) apaguen las luces, o tardes enteras los fines de semana en las que no se mire una pantalla.

A partir de los pequeños pasos y las celebraciones de estas ventanas fuera de línea, las familias reprograman lentamente sus cerebros para realizar una sola tarea, jugar de forma creativa y espontánea y tener contacto directo cara a cara. Con el tiempo, esos respiros pueden ser recordatorios más largos y más fuertes de que la vida no se trata solo de mensajes.

Recableando a través de alternativas significativas

La neuroplasticidad funciona en ambas direcciones. Si el cerebro de un niño puede conectarse con el comportamiento en las redes sociales, también puede reconectarse con el comportamiento interesante fuera de línea. Invítelo a participar en arte, deportes, voluntariado o aventuras al aire libre, cualquier cosa que lo ayude a mantenerse concentrado y a sentir que hizo una diferencia.

Si un adolescente siente un placer real (por ejemplo, mejorar una habilidad, forjar amistades reales o influir en los demás), las recompensas superficiales de las redes sociales no parecen tan deseables. Considere estas actividades fuera de línea no como pasatiempos inútiles, sino como "interruptores" importantes para diversificar la vida de recompensas de un adolescente.

Decisiones familiares colaborativas

Los padres pueden verse atrapados en las restricciones impuestas desde arriba en las redes sociales, pero muchos adolescentes disfrutan de tener conversaciones en las que pueden participar en las pautas. Por ejemplo, podría pedirle a su hijo que cree situaciones hipotéticas sobre cuándo debería usar más el teléfono o qué aplicaciones vale la pena dejar abiertas para hacer tareas escolares pero no para navegar.

Cuando los niños participan en la creación de estas reglas, las respetan. Al plantearlo como un objetivo familiar inclusivo, que haga que todos sean mejores y no los castigue, los padres cambian la historia de dominio a reciprocidad.

Ayuda profesional si es necesaria

Si los hábitos de uso de las redes sociales del adolescente empeoran y la intervención familiar cobra demasiada importancia (lo que provoca un gran trauma, abandono escolar o conflictos familiares), busque ayuda profesional. Los psicoterapeutas, en particular los que tienen experiencia en conducta adolescente o adicción a la tecnología, pueden utilizar métodos basados en evidencia para romper con los hábitos energizantes.

Las intervenciones pueden ser entrevistas motivacionales (para determinar si el adolescente está preparado para el cambio), intervenciones cognitivo-conductuales (para sustituir el escape digital por un afrontamiento saludable) o terapia de grupo (con apoyo de pares durante el tiempo que pasa frente a la pantalla). Si bien puede resultarnos difícil admitir una intervención externa, el precio de permitir que persista una conducta de tipo adictivo puede eclipsar cualquier incomodidad en la terapia.

Horizontes esperanzadores. Un equilibrio óptimo con la tecnología

La ciencia de la adicción digital es tranquilizadora, pero también nos empodera. El cerebro es una máquina increíblemente flexible. Saber cómo los circuitos cerebrales de los adolescentes se preparan para el ciclo adictivo nos ayuda a trazar caminos más efectivos. Inculcar una rutina, una interacción fuera de línea y tener conversaciones abiertas con los niños sobre la influencia de la tecnología puede ayudar a los padres a cultivar una relación más saludable y deliberada con las redes sociales.

Se trata de crear un futuro en el que las plataformas digitales sean herramientas y no dictadores, recursos en lugar de vicios. Y, así como las generaciones anteriores aprendieron a limitar el consumo de televisión, dulces o compras, los jóvenes de hoy pueden aprender que las redes sociales, aunque son una realidad inevitable del mundo moderno, no tienen por qué ser una de las muchas actividades placenteras.

A partir de datos neurocientíficos, sabemos que los cerebros de los adolescentes, con sus mayores niveles de plasticidad y autocontrol en la etapa inicial , son especialmente susceptibles a desarrollar patrones de adicción digital. Al alimentar el mismo sistema de recompensa de la adicción, los canales de las redes sociales obligan a los niños a desear, comprobar y volver a comprobar. Estas tendencias también sirven para excluir actividades fuera de línea, debilitar la resiliencia emocional e impedir que el niño se convierta en un adulto capaz y observador.

Sin embargo, la plasticidad de la mente adolescente también abre una puerta al progreso. Si los padres comprenden la neurofisiología de la adicción digital, pueden utilizar intervenciones personalizadas que van desde pausas virtuales hasta terapia intensiva, si es necesario, que tienen como objetivo cambiar los sistemas de recompensa del niño hacia momentos más saludables y que afirmen la vida. Es un proceso que requiere paciencia, compasión y seguimiento en el hogar.

Cuando las familias adoptan la ciencia de la adicción digital, pueden ayudar a alejar a sus hijos de los hábitos adictivos de las redes sociales y dirigirlos hacia un futuro de uso razonable de la tecnología, relaciones auténticas y la satisfacción de explorar posibilidades físicas.

Capítulo 10: Establecer límites saludables

En este libro hemos profundizado en todas las formas en que las redes sociales y las tecnologías móviles sabotean la salud de nuestros hijos, desde generar conductas adictivas hasta dañar la autoestima y frustrar la socialización en el mundo real. Es importante reconocer estas trampas, pero lo que es más importante es encontrar una salida viable. ¿Qué podemos hacer como padres para mantener a raya tanto los beneficios como los males de la conectividad digital?

Este capítulo trata exclusivamente de las respuestas: cómo establecer límites estables y saludables para que los niños y adolescentes puedan disfrutar de los frutos de la tecnología sin sufrir los efectos más tóxicos de pasar la vida frente a una computadora todo el día. Hablaremos sobre pautas apropiadas para los niños en cuanto al uso de dispositivos, cómo establecer áreas y horarios libres de dispositivos en el hogar y cómo lograr objetivos que sean alcanzables de manera que respalden las circunstancias únicas de su familia. Estas prácticas ayudan a los padres jóvenes a preparar el terreno para que los niños se autorregulen, adquieran alfabetización digital y salud emocional, y, por lo tanto, sean menos propensos a verse atrapados en el tipo de tiempo obsesivo frente a la pantalla del que hemos hablado en capítulos anteriores.

Repensando el tiempo frente a la pantalla

Más allá de las pautas que se aplican a todos los casos

La mayoría de los padres buscan una respuesta única, que sirva para todos: "¿Cuánto tiempo debe pasar mi hijo con su dispositivo al día?". Aunque existen recomendaciones estándar (como las de la Academia Americana de Pediatría (AAP), debemos recordar que los niños son diferentes. Es un hecho que la edad sí lo es, pero también el temperamento, la madurez, la carga de trabajo, las actividades extracurriculares e incluso las preferencias familiares sobre la tecnología.

Pero las reglas son un buen comienzo. La AAP y sus colegas suelen recomendar que los niños menores de dos años pasen muy poco tiempo frente a la pantalla o que no pasen nada, que los niños en edad preescolar introduzcan gradualmente contenido que les enseñe a leer y que los niños mayores y los adolescentes adopten límites cada vez más laxos, todo ello equilibrado con un control regular. Sin embargo, estos consejos deben adaptarse a la situación de cada familia. Un niño de ocho años obsesionado con la tecnología y que le guste programar y aprender aplicaciones puede contentarse con pasar un poco más de tiempo frente a la pantalla que un niño más pequeño que utiliza los dispositivos únicamente para jugar sin pensar. El truco no es aplicar una receta estricta, sino mantener controles regulares y comprobar una y otra vez cómo se está utilizando el dispositivo.

Calidad vs. Cantidad

Las horas de uso son importantes, pero el tipo de uso de la pantalla tiende a ser más revelador que la cantidad de tiempo que pasas frente a ella. ¿Las aplicaciones de tu hijo sirven para crear y aprender, o solo para hojear las redes sociales? ¿La actividad en línea complementa o reemplaza los intereses prácticos (por ejemplo, clases de música o tutoriales de arte)? Separar el consumo (maratones de televisión) de la actividad (crear arte digital o aprender nuevas habilidades) puede ayudar a los padres a redefinir los límites.

A otros niños les va mejor en foros digitales, donde publican obras de arte, trabajan en algo juntos o desarrollan habilidades para resolver problemas. Otros se adentran en la madriguera de la adicción a la dopamina, actualizando constantemente los feeds para ver si alguien ha añadido seguidores o le ha dado me gusta. Cuando se conoce la diferencia, se pueden establecer límites que excluyan actividades dañinas y emocionalmente agotadoras, pero que dejen espacio para actividades beneficiosas en línea.

El acto de equilibrio de los padres

Los padres no son inmunes a la tentación de los dispositivos, ya sea para responder correos electrónicos de trabajo, consultar las redes sociales o simplemente para llevar un registro de las aplicaciones de calendario que utilizan. Establecer límites más firmes en relación con las pantallas con los niños también puede implicar replantearnos los nuestros. Los niños no solo oyen, sino que también ven. Transmitiremos el mensaje de que los dispositivos son más importantes que las interacciones reales si nos quedamos mirando nuestros teléfonos durante las cenas familiares o revisando las notificaciones cada pocos minutos.

El truco es lograr que el equilibrio funcione cuando todos en la casa se familiaricen con las pantallas. En lugar de imponer reglas que sólo "los niños" pueden seguir, las familias pueden hacer compromisos mutuos, por ejemplo, comer sin dispositivos electrónicos o pasar las tardes sin pantallas. Es una solución grupal para crear una sociedad en la que todos se ayuden entre sí y demuestren que los límites no cambian para ninguna edad o estatus en la familia.

Recomendaciones sobre el tiempo de exposición a pantallas según la edad

Niños menores de dos años (0 a 2 años)

Orientación : La mayoría de los pediatras recomiendan que los niños menores de 2 años no pasen tiempo frente a pantallas, salvo para videollamadas con la familia o contenido educativo breve y supervisado. Este tiempo es importante para el desarrollo del cerebro y el apego seguro con los padres.

Por qué es importante : Los niños pequeños crecen a través de la interacción con el mundo real, tocando, moviéndose, hablando y jugando sin planificación. Las pantallas son hipnóticas, pero brindan experiencias sensoriales limitadas y retardan la adquisición del lenguaje si se las usa en exceso.

Consejos prácticos

Interacción cara a cara : si puede, interactúe con los bebés con su cara, expresiones faciales y voz. Nada ni nadie podrá imitar el afecto y la receptividad de un padre, ni siquiera con videos instructivos.

Cuidado con las "niñeras digitales" : si bien es fácil ofrecerle una tableta a un niño pequeño para que se relaje un poco, muchas veces pasa demasiado tiempo frente a una pantalla y eso dificulta la autorregulación. En lugar de eso, ofrezca juguetes pequeños para explorar.

Niños en edad preescolar (3 a 5 años)

Orientación : Limite el tiempo de pantalla a no más de una hora de entretenimiento de calidad por día. Los niños de esta edad disfrutan de programas que los involucren en algún tipo de preguntas y juegos (por ejemplo, cantar).

Por qué es importante : el juego sensorial, la socialización y el aprendizaje activo siguen siendo la base del desarrollo cognitivo y motor de los niños en edad preescolar. Es posible que se lancen juegos del alfabeto o aplicaciones de cuentos con recursos digitales, pero el juego desordenado sin conexión sigue siendo clave.

Consejos prácticos

Visualización conjunta : interactúen con los medios de comunicación. Hablen con ellos sobre lo que están viendo: "¿De qué color es ese auto? ¿Cómo es tu personaje?". El tiempo frente a la pantalla se convierte en una experiencia de aprendizaje.

Reuniones periódicas : Establezca una rutina de "horas de medios" que su hijo pueda esperar con ansias. Esta previsibilidad hace que las pantallas no les parezcan algo que pueden pedir a voluntad, sino algo normal.

Escuela primaria (6 - 10 años)

Orientación : 1 a 2 horas por día está bien para el tiempo frente a la pantalla, tanto en la escuela como en casa. Pero sigue siendo necesaria la supervisión de los padres para un uso adecuado.

Por qué es importante : Los niños pueden mostrar intereses y relaciones más sutiles. Las computadoras pueden complementar el estudio académico o las pasiones artísticas, pero, si no se las vigila de cerca, pueden exponerlos a las redes sociales, a anuncios publicitarios emergentes o a las trampas de los juegos de Internet.

Consejos prácticos

Fomente el juego digital: pruebe aplicaciones de programación, matemáticas o idiomas con niños más pequeños. Celebre sus éxitos en estos campos en lugar de limitarse a las prohibiciones.

Sea un ciudadano digital : comience a hablar sobre el respeto, la privacidad y la amabilidad en línea. Explique por qué algunas fotos o textos son perjudiciales para otras personas, por ejemplo, y enseñe cómo ser cívico en línea.

Preadolescentes y preadolescentes (11 a 14 años)

Orientación : Limite el tiempo libre a dos horas los días de clase (un poco más los fines de semana), aunque las tareas escolares pueden requerir más tiempo frente a la computadora. Ofrezca actividades de alfabetización digital más intensas para prepararlos para las redes sociales.

Por qué es importante : El anhelo de independencia de los jóvenes aumenta a esta edad, junto con la presión de los compañeros. Los sitios sociales, los chats grupales y los juegos en línea pueden ser grandes clubes sociales. Los preadolescentes que carecen de supervisión tienden a copiar prácticas peligrosas en línea o a obsesionarse con la validación externa.

Consejos prácticos

Reglamentación conjunta : permítales tener la última palabra sobre la duración del toque de queda de los dispositivos o las restricciones de las aplicaciones. Permite la propiedad y reduce la controversia.

Debate abierto participativo : comparte tus comentarios: "¿Qué te gusta de esta aplicación? ¿Alguna vez te sientes incómodo?". Esto genera confianza y abre las líneas de comunicación en caso de que se produzca una infracción, como el acoso cibernético o una publicación inapropiada.

Adolescentes (15 - 18 años)

Orientación : Permitir más libertad a medida que los adolescentes muestran autocontrol, pero reforzar lo esencial en áreas como el uso del teléfono a la hora de acostarse y el buen comportamiento en las redes sociales.

Por qué es importante : Los adolescentes se están convirtiendo en adultos. Las redes sociales son un espacio para compartir, conectarse y aprender, pero también pueden ser un lugar de pánico, competencia y malos hábitos. El objetivo final es fomentar la autogestión y la responsabilidad.

Consejos prácticos

Uso basado en el alcance : inspirar a los adolescentes a utilizar la tecnología para estudios académicos, codificación o proyectos artísticos, no solo para socializar.

Respete la privacidad, dentro de lo razonable : deje de monitorearlos gradualmente, pero mantenga una "red de protección" (como contraseñas en caso de emergencia). Sea amable con su independencia, pero comuníquese con ellos si se topan con un desafío en línea.

Cómo crear zonas libres de dispositivos en el hogar

Por qué son importantes las zonas

Disponer de zonas libres de dispositivos contrarresta la creciente sensación de que las pantallas pueden ocupar toda nuestra vida. Establecer un área o un tiempo determinado para prohibir los dispositivos brinda a los miembros de la familia oportunidades cruciales para la conexión social, la imaginación y el aburrimiento (el estado elusivo que inspira la imaginación).

Los límites físicos refuerzan los límites mentales. Una vez que sus hijos entran en un área libre de dispositivos, no negocian ni se escabullen. Con el tiempo, estos rincones pueden crear patrones de presencia, conversación y pensamiento que son antitéticos a la atención compartimentada que fomentan las redes sociales.

Identificación de zonas libres de dispositivos ideales

Cocinas : La mesa del comedor es un lugar perfecto para no tener dispositivos. La hora de la comida es un momento esencial para hablar de lo que ha pasado durante el día, de los acontecimientos actuales y de escuchar con atención. Movilizar los teléfonos (o al menos evitar que lleguen al brazo de la otra persona) fomenta conversaciones más interesantes.

Dormitorios : Para los niños y los padres, sacar las pantallas del dormitorio marcará una gran diferencia en el sueño. El uso de pantallas durante la noche interrumpe los ritmos circadianos y provoca somnolencia matutina, lo que interfiere en el rendimiento académico o laboral.

Salas familiares : en algunas casas, la sala de estar o el estudio pueden ser un área común para leer, jugar juegos de mesa, escuchar música o simplemente pasar el rato. Decorar estos espacios como "libres de dispositivos" al menos durante una parte del día puede fomentar una atmósfera de colaboración y actividad espontánea.

Coherencia y exigibilidad

Las zonas sin dispositivos deben ser transparentes para que funcionen. Coloque carteles claros de "sin dispositivos" si es necesario e intente asignar un lugar de carga en la casa (una encimera de la cocina o un estante del pasillo) para que los teléfonos y las tabletas permanezcan allí durante estos períodos. Cuando los miembros de la familia tienen un lugar designado para guardar los teléfonos, no caen en la tentación de tenerlos sobre sus regazos o debajo de los cojines.

Incluso los padres deberían ser modelos a seguir. Si obliga a su hijo a dejar el teléfono en la puerta antes de la cena, haga lo mismo. Si hay una razón legítima (es necesario esperar una llamada de emergencia), explíquele a los niños que es la excepción y no la regla. Una aplicación fiable de las normas y un modelo visual resaltan el valor de estas zonas como refugios seguros frente al ruido digital.

Adopción de objetivos realistas para un menor consumo.

Un marco para establecer líneas de base personales y familiares.

Antes de fijar objetivos, recopile algunos datos de referencia. Examine cuánto tiempo pasa actualmente su hijo (y su familia en su conjunto) en la tecnología. La mayoría de los teléfonos inteligentes vienen con contadores de tiempo de pantalla que informan el uso por aplicación o género. Pídale a su hijo que lo ayude a recopilar estos datos; puede ser revelador para ambos.

Con esa información, explora qué patrones o cifras te alarman a ti o a tu hijo adolescente, que probablemente pasa tres horas al día en las redes sociales, mientras que tus padres se encuentran navegando por las noticias con la misma rapidez. La idea no es avergonzarse, sino entablar un debate sobre el consumo saludable y el excesivo, y cómo todos pueden cooperar para limitar este último.

Objetivos de reducción digital SMART

SMART, que toma como modelo el desarrollo personal, significa específico, medible, alcanzable, relevante y limitado en el tiempo. Llevar este modelo al uso digital puede ayudar a convertir deseos incipientes, como "Debemos reducir el tiempo frente a la pantalla", en objetivos:

Sea específico : en lugar de "Use menos el teléfono", diga: "No más de una hora en las redes sociales en las noches de escuela".

Reproducible : monitoree mediante la configuración del dispositivo o aplicaciones de registro del tiempo de pantalla para que todos puedan ver los avances y los desafíos.

Posible : una reducción repentina de cinco horas a una puede ser demasiado abrupta. Los cambios lentos (por ejemplo, una hora a la semana) pueden generar cambios duraderos.

Relevante : Establezca objetivos de acuerdo con los valores familiares más amplios (por ejemplo, concéntrese en el ejercicio, los estudios o las amistades). Si su hijo tiene una temporada deportiva próxima, hable sobre cómo reducir el tiempo frente a la pantalla aumentaría la atención y el ejercicio.

Limitado en el tiempo : establezca una ventana de revisión, 2 semanas o un mes, y verifique nuevamente para ver si se deben cambiar los objetivos.

Refuerzo positivo e informes de progreso.

En la creación de hábitos, celebrar los logros, incluso los más pequeños, es un estímulo. Para los niños más pequeños, podría funcionar un sistema de pegatinas o un cuadro de estrellas: se les da una pegatina por cada noche sin dispositivos y, con una determinada cantidad de pegatinas, se gana una recompensa (como elegir una actividad familiar para el fin de semana). Con los adolescentes, puede funcionar un elogio más sutil, cuando se aprecia que se sienten mejor con respecto a su estado de ánimo o sus calificaciones, por ejemplo, o que tomaron la iniciativa de completar tareas sin pantallas.

Un calendario familiar o un tablero de objetivos que todos puedan ver juntos también puede hacer visible el progreso de todos. Tal vez todos se sientan felices cuando todos en la familia alcancen el objetivo mensual de no pasar tiempo frente a una pantalla. Entonces pueden aprovechar el momento para estrechar lazos, hacer una caminata, salir a cenar o dar un paseo corto en auto sin distracciones digitales.

La conciencia de que todos están juntos en esto puede ayudar a generar cohesión y responsabilidad compartida.

Superando obstáculos y dificultades

Presión social y "aburrimiento"

El mayor obstáculo para los niños (y los padres) es el aburrimiento: "¿Qué pasa si no puedo usar mi teléfono ahora?" o "Todo el mundo está conectado. No me voy a quedar afuera". Y se necesita una mentalidad diferente para superar estos obstáculos. No pienses que el tiempo que pasas sin conexión es una pérdida, considéralo una oportunidad para leer un libro, tocar un instrumento, hacer galletas o dar una vuelta en bicicleta por la cuadra.

Considerar el aburrimiento como un estímulo para la creatividad puede enseñar a los niños que las ideas creativas tienden a surgir espontáneamente. Si lamentan no estar conectados a Internet con sus amigos, recuérdeles que organicen un evento en la vida real o una llamada sin intervención con sus amigos. Esto permite establecer relaciones auténticas que ya no tomamos en serio en la era digital.

Resistencia y recaídas

Los hábitos, en particular los basados en la estimulación de la dopamina, son notoriamente resistentes. Los niños pueden protestar ante las nuevas restricciones, especialmente si están acostumbrados a la libertad de los dispositivos. Los niños, especialmente los adolescentes, pueden detestar lo que consideran una extralimitación de los padres. Esto requiere que los padres sean pacientes, tolerantes y coherentes. Explíqueles la lógica de estas limitaciones y repita una y otra vez que su objetivo es aumentar el bienestar, no imponer sanciones arbitrarias.

Las recaídas ocurren. Su hijo de la escuela secundaria tal vez se escabulle para jugar a videojuegos a altas horas de la noche, o su hijo adolescente navega por las redes sociales en una zona donde no se permite el uso del teléfono. No responda con indignación, sino con una resolución constructiva. Explíquele el desliz y cómo evitarlo. Restablezca la confianza con objetivos a corto plazo y alcanzables, y bríndele la oportunidad de recuperar privilegios mediante una acción responsable.

Ajuste de límites a lo largo del tiempo

Ningún reglamento es inmutable. A medida que maduren, se pueden ir aflojando las ataduras . Por ejemplo, si un joven de 16 años está haciendo una investigación universitaria, puede pasar más tiempo frente a la pantalla. Por el contrario, si el uso sigue siendo un problema, hay que volver a las intenciones y modificarlas.

Los seguimientos semanales o mensuales mantienen viva la conversación. Pregunta: "¿Estamos de acuerdo con esta regla? ¿Estás demasiado cerca o crees que deberíamos estar más cerca?" Este tipo de conversación honesta permite que los niños se expresen y puede incitarlos a aprender el valor de usar la tecnología de una manera saludable en lugar de simplemente adaptarse a lo que exige el mundo exterior.

Integrando la tecnología para el bien

Aprovechar las herramientas educativas

Las pantallas son el enemigo que podemos estereotipar, pero la tecnología actual también es una herramienta de aprendizaje cuando se utiliza de forma adecuada. Encontrará muchos sitios de aprendizaje con lecciones interactivas de matemáticas, lengua y literatura o ciencias. Otros enseñan programación, teoría musical o idiomas extranjeros, todo lo cual puede aportar valor al futuro de su hijo. Cuando los padres diferencian entre el desplazamiento sedentario y la interacción intencional, los niños pueden ser impulsados hacia la alfabetización digital que aumenta sus capacidades académicas y creativas.

Pídele a tu hijo que comparta lo que ha aprendido. Si aprende una nueva habilidad artística con un tutorial en línea, deja que te la muestre o que la practique en un trabajo real. Esta combinación de conocimientos digitales con la vida fuera de línea subraya que la tecnología es un dispositivo, no una forma de vida.

Las redes sociales como fuente, no como punto de llegada

En el caso de los niños mayores y los adolescentes que ya utilizan las redes sociales, hay que pensarlo de otra manera. Permítales que intenten interactuar con las aplicaciones sociales de maneras auténticas, trabajando en tareas grupales, planificando actividades comunitarias o enviando obras de arte y escritos para su revisión. Las redes sociales se convierten entonces en un portal para la comunicación auténtica, no en una fuente perpetua de estadísticas vanidosas.

Los padres pueden emular esta estrategia organizando sus propias experiencias en línea. Demuestre que está en medios de comunicación confiables, participe en conversaciones reflexivas o grupos de pasatiempos. Demostrar que las redes sociales pueden ser una fuente de aprendizaje y comunidad, en lugar de una dieta de ruido aburrido e inoperante, ayuda a los niños a percibirlas como una fuerza positiva.

Actividades de vinculación tecnológica

Hacer que el uso de los dispositivos sea comunitario puede cambiar el enfoque del consumo irreflexivo a la exploración cooperativa. Organice una "noche tecnológica familiar" semanal en la que todos prueben una nueva aplicación de aprendizaje, un rompecabezas digital o un museo virtual. Al hacerlo juntos, simplifican la tecnología para que los niños aprendan a usar los recursos digitales para educar, inspirar y crear vínculos.

Además, estos proyectos de co-creación ofrecen a los padres una mirada a la vida digital de sus hijos. Observar el comportamiento de su hijo mientras juega un juego o interactúa con las funciones de las redes sociales podría brindarle pistas sobre su mundo mental y emocional que le ayudarán a guiarlo mejor.

Mantener el impulso: perspectivas a largo plazo

Fomentando la autorregulación

Por último, no se trata tanto de controlar el tiempo que pasa frente a una pantalla, sino de enseñarle a su hijo disciplina interna y autorreflexión. Los niños que comprenden las razones de los límites (salud, seguridad, equilibrio, regulación emocional) tienen más posibilidades de regularse a sí mismos en la edad adulta.

Practica las pequeñas victorias: cuando notes que tu hijo se resiste a abrir una notificación mientras están todos juntos, no temas reconocerlo. Fomentar la autodisciplina genera confianza. Con el tiempo, podrá controlar el tiempo que pasa frente a la pantalla, esperar cuando se sienta ansioso y determinar si es el momento adecuado para abrir una aplicación.

Navegando por hitos y transiciones

Un gran cambio en la vida, graduarse de la escuela secundaria, unirse a un nuevo equipo deportivo, solicitar el ingreso a la universidad, puede alterar las rutinas. Durante estos cambios, revise las reglas sobre el tiempo que pasa frente a la pantalla en función de las nuevas exigencias. Un adolescente que estudia para los exámenes de ingreso a la universidad puede necesitar reglas más explícitas para no postergar fácilmente las cosas o navegar por Internet por estrés. Un niño que se ha sentido socialmente aislado en una nueva escuela puede refugiarse en las redes sociales para sentirse parte de ella.

Las reuniones familiares diarias pueden convertirse en oportunidades para volver a establecer límites en función de las nuevas prioridades. Esté abierto a estas conversaciones como una solución de problemas en lugar de una orden de nivel superior. Cuando los niños saben que se los escucha y se los toma en serio, es más probable que cooperen, incluso cuando comience a reducir el uso de ventanas o a introducir nuevas ventanas sin dispositivos.

Manteniendo la esperanza y la perspectiva

En la sociedad actual dominada por la tecnología, ningún padre puede gestionar a la perfección todos los aspectos de la vida de un niño en línea. Surgirán problemas y se cometerán errores, tanto para usted como para su hijo. Pero cada desliz es una lección que pone de relieve la responsabilidad y la franqueza.

Tenga en cuenta que establecer límites adecuados frente a la pantalla no implica denigrar la tecnología, sino tomar una decisión consciente e intencional de defender la salud mental, promover la resiliencia emocional y mantener el carácter sagrado de las relaciones reales. Si su hijo pasa más tiempo en casa, más tiempo en actividades fuera de línea y menos dependiente de la validación social, los frutos de estas acciones serán claramente visibles. Los pequeños logros, como una gran conversación durante la cena o un adolescente que decide leer un libro de tapa dura por casualidad, nos recuerdan que los límites realmente importan.

Creando un futuro con uso consciente de la tecnología

Para crear un entorno doméstico que respete las ventajas de la tecnología pero mitigue sus peligros se necesita paciencia, innovación y flexibilidad. No existen soluciones fáciles ni fórmulas fijas: cada familia establecerá sus propias reglas en función de la edad, el carácter y las necesidades cambiantes. Lo que no ha cambiado es la idea central: la tecnología debe hacer crecer a nuestros hijos, no matarlos.

Los padres pueden preparar a sus hijos para que utilicen los espacios digitales con más sensibilidad y control diseñando un tiempo de pantalla adecuado para cada grupo de edad, creando zonas libres de dispositivos y desarrollando objetivos específicos y medidos para reducir el uso. Estas estrategias de establecimiento de límites no tienen como objetivo vigilar, sino ayudar a crear la infraestructura emocional y cognitiva que los niños necesitarán para prosperar en una era de tecnología , donde el juego consciente, el pensamiento creativo y las conexiones auténticas aún reinan.

No es un camino fácil. Los niños se resistirán, o incluso usted se resistirá a las reglas. Pero cada paso hacia límites saludables infunde en el cerebro de su hijo la semilla de la elección. Esa semilla puede plantarse, con el tiempo, en una práctica de moderación, equilibrio y salud digital que dure toda la vida.

Desarrollar una cultura de uso deliberado de la tecnología puede ayudar a las familias a construir una generación más sana y compasiva, preparada para aprovechar al máximo el mundo digital y la realidad exterior.

Capítulo 11: El papel de los padres

La omnipresencia de los dispositivos móviles, las redes sociales y los medios de comunicación digitales ha cambiado la ecuación de la crianza de los hijos de muchas maneras. Antes era una tarea sencilla controlar la cantidad de televisión que veía un niño o asegurar el teléfono colgado en la pared de la cocina, pero se ha convertido en un problema complejo. Los padres se ven obligados a negociar límites de tiempo frente a la pantalla en un mundo de Internet las 24 horas del día, los 7 días de la semana, a lidiar con la psicología de los efectos de las redes sociales en la salud mental y a depender de un número cada vez mayor de programas de software y medidas de protección infantil.

Y, sin embargo, a pesar de todos estos avances, hay algo que siempre es cierto: los padres desempeñan un papel enorme en la actitud de sus hijos hacia la tecnología. Los niños comienzan a admirar a los adultos desde una edad temprana en busca de recordatorios de lo que es normal, aceptable y deseable. Ya sea intencionalmente o no, los padres son el nexo del ecosistema familiar, modelos a seguir y enseñanzas que perduran toda la vida.

En este capítulo examinaremos tres aspectos esenciales de la influencia parental en la era digital.

Educar con el ejemplo y el uso consciente de los dispositivos , modelando a través del comportamiento cotidiano que la tecnología es algo que debe controlarse, no un maestro que debe dominarse.

Discusiones abiertas sobre salud mental y redes sociales , entendiendo que la salud mental está entrelazada con las experiencias en línea, y que los padres necesitan establecer un espacio en el que las emociones, los miedos y las confusiones puedan desinhibirse.

Herramientas y aplicaciones de tiempo de pantalla que ofrecen a los padres herramientas prácticas y tecnológicas para imponer límites seguros en línea.

En estos espacios, nos gustaría demostrar que los desafíos de la paternidad en un mundo impulsado por la tecnología son profundos, pero no imposibles. Con cautela, comprensión y adaptabilidad, los padres pueden ayudar a sus hijos a aprovechar al máximo la conectividad en línea y mitigar sus peligros.

Cómo tomar las riendas del uso consciente de los dispositivos

La fuerza del modelo parental

Los niños son observadores agudos. Incluso desde muy pequeños, observan la forma en que los adultos interactúan con el mundo y tienden a imitar lo que ven en lugar de simplemente seguir lo que se les dice. Cuando un padre te dice "No uses el teléfono en la mesa" y luego haces lo mismo, los niños se dan cuenta de que la regla es trasladable o, peor aún, no se aplica a ellos cuando son adultos.

Los profesionales de la crianza de los hijos suelen hablar mucho de "dar ejemplos" como la herramienta de enseñanza más poderosa. Las tecnologías digitales no son una excepción. Al ver a los padres tocando sus teléfonos todo el día para jugar o distraerse sin querer, los niños creerán que mirar constantemente el teléfono es la excepción. Por el contrario, cuando los padres son disciplinados, apagando las notificaciones en la cena familiar, eligiendo un libro en lugar de navegar por las redes sociales y hablando de desconectarse, también enseñan habilidades de autogestión.

Reflexionando sobre tus propios hábitos

Pero antes de que los padres intenten moldear la vida de sus hijos frente a la pantalla, puede ser útil que consideren la suya propia. Consideren estas preguntas:

- *¿He estado revisando mi teléfono obsesivamente, incluso durante el aparente tiempo en familia?*

- *¿Me apresuro a responder a cada alerta a costa de la interacción en tiempo real?*

- *¿He establecido límites personales claros, como tiempo sin dispositivo o habitaciones, y soy coherente?*

- *¿Voy directo a la computadora cuando estoy aburrido, o busco otras formas de distraerme o educarme, leyendo, escuchando música, caminando?*

Estas observaciones no tienen como objetivo culpar a los padres, sino arrojar luz sobre cómo un pequeño cambio en el comportamiento de los adultos puede marcar una diferencia significativa en la disposición del niño. Ajustar la propia rutina digital puede resultar un poco incómodo al principio, en particular si el padre está acostumbrado a estar conectado casi constantemente. Pero incluso pequeños cambios, como, por ejemplo, optar por apagar los dispositivos por la noche, pueden ser una gran muestra de salud digital.

Incluir a los niños en el proceso

El vínculo entre padres e hijos se basa en un propósito compartido y en el respeto mutuo. Cuando los padres están dispuestos a compartir el motivo, están modificando sus propios hábitos en relación con el uso de dispositivos (para concentrarse mejor, reducir el estrés y pasar más tiempo en familia), los niños reaccionan de manera favorable. Incluso pueden sentirse orgullosos de ser parte de la solución, lo que les recuerda a los padres cuando uno de ellos se mete en esa vieja rutina de llevar un teléfono a la cena.

Los padres se ponen de pie en un momento como este no solo para inspirar a sus hijos, sino también para mostrar humildad. Reconocer: "Estoy dejando el teléfono a un lado más a la hora de comer porque sé que me distrae de ti. ¿Puedes recordarme que lo deje en la otra habitación?" crea una atmósfera de cooperación. También señala que la gobernanza tecnológica no es una cuestión de reglas que los niños deben respetar, sino un esfuerzo de toda la familia.

Coherencia en los espacios públicos

Y el uso consciente de los dispositivos no tiene por qué limitarse al hogar. Los niños imitan la forma en que sus padres actúan cuando están fuera de casa, en restaurantes, parques o en fiestas familiares. Si ven que mamá o papá instintivamente toman el teléfono durante una conversación, pasando por alto el mundo real para responder un mensaje de texto o un correo electrónico, entonces el caso es que el mundo real puede quedar en segundo plano frente a las demandas digitales.

Por el contrario, un padre que guarda el teléfono en un cajón o lo silencia en una reunión familiar está indicando que las personas que se encuentran físicamente en la sala deben recibir toda la atención. Esta estrategia, que se repite tanto en casa como en la calle, crea un modelo sólido para que los niños lo sigan. También se dan cuenta de que la tecnología puede ser útil o divertida, pero no es la única forma, ni siquiera la principal, de experimentar el mundo.

Charla en tiempo real sobre salud mental y redes sociales

Por qué sentirse bien es más importante que nunca

La era digital ha desatado la información, la conexión y la retroalimentación instantánea. Para muchos adolescentes, las redes sociales también pueden actuar como un amplificador emocional : los momentos de triunfo pueden verse amplificados y las decepciones o los temores se sienten amplificados por amigos y desconocidos en Internet. Los mundos virtual y real ya no están separados, lo que significa que los momentos emocionales en el ámbito digital también transmigran al físico.

La salud mental es tan importante como siempre para nosotros, los padres. Aunque los niños mayores sin duda han experimentado acoso escolar, presiones sociales y baja autoestima, los niños de hoy experimentan estos problemas más que nunca con la facilidad y frecuencia de las redes sociales. Una mala palabra puede resonar en un mensaje grupal, y la locura pública de un niño puede quedar grabada en una captura de pantalla o en un anuncio. Y cuando los niños no pueden compartir estas experiencias con sus padres, se distancian y se sienten abrumados por emociones que no pueden evitar experimentar.

Iniciando la conversación

A los padres también les preocupa que hablar sobre la salud mental "infunda nuevas ideas" en la mente de sus hijos o agrave sus preocupaciones. Sin embargo, los investigadores en psicología concluyen unánimemente que las conversaciones abiertas sobre los sentimientos, el estrés y la salud mental desarrollan la resiliencia, no la fragilidad. Al facilitar este tipo de discurso, los padres están diciendo que nada está prohibido.

Estos son algunos consejos para ayudar a iniciar o profundizar las conversaciones:

- *Comenzando con un pequeño paso* : puede comenzar con una pregunta abierta como "¿Qué cosa interesante viste en línea hoy?" o "¿Recuerdas esa noticia de la que todo el mundo te habla?" "¿Qué piensas?" Esta estrategia no amenazante permite que los niños cuenten sus viajes virtuales sin ser interrogados.

- *Utilice los medios como estímulo* : si una película familiar o un programa de televisión aborda la ansiedad, el acoso escolar o un problema de amistad, comience con una discusión sobre cómo se manifiestan esos temas en las redes sociales.

- *Exprésate* : muestra vulnerabilidad y menciona cuándo te sentiste ansioso o molesto con algo en línea. Esto les dice a los niños que las redes sociales inquietan incluso a los adultos y que ese sentimiento es humano, no un signo de debilidad.

Reconocer señales de advertencia

Aunque los altibajos emocionales diarios son la norma en la infancia y la adolescencia, ciertos comportamientos indican problemas de salud mental más graves asociados con el uso digital:

- *Retraimiento claro* : si un niño que antes era extrovertido deja de socializar y elige en cambio pasar todo el día conectado, entonces está sucediendo algo más grave: acoso cibernético, inferioridad o adicción.

- *Cambios de humor significativos* : mantén los ojos bien abiertos. Si revisas ciertas redes sociales, ¿tu hijo de repente se siente muy ansioso o inquieto? ¿No puede dormir bien o está deprimido?

- *Cambios drásticos en la autoimagen* : los adolescentes, en particular, pueden crecer con una mala imagen corporal o una mayor autoestima debido a la exposición diaria a culturas de influencia que los modelan. Si un niño siempre se queja de su apariencia o se juzga negativamente a sí mismo en relación con las cuentas en línea, es hora de que le dé un poco de afirmación.

Es fundamental alentar a los niños a que comuniquen estas emociones sin temor a que los regañen o los ignoren. Reafirme su experiencia: "Puedo ver cómo eso puede hacerte sentir mal. Sé que yo me he sentido así". Y luego piensen en maneras de afrontar la situación juntos, descansar, ignorar a los acosadores y cambiar las comunidades en línea para que sean influencias positivas.

Cómo garantizar que los niños desarrollen herramientas emocionales

El debate sobre la salud mental también debería convertirse en talleres de habilidades. Ofrézcales a los niños estrategias para lidiar con la ansiedad en Internet:

- *Límites* : enséñeles a reconocer cuándo desplazarse o chatear los agota emocionalmente. Para restablecer el equilibrio, a veces puede resultar útil quitarles el dispositivo.

- *Sea compasivo consigo mismo* : dígales que transformen las malas palabras en positivas. En lugar de decir "No soy tan lindo como esa influencer", diga "El perfil de esa persona está seleccionado; tengo mis propias características y experiencias únicas".

- *Uso consciente de la web* : enséñeles a utilizar la configuración de privacidad, a bloquear a usuarios maliciosos y a tener cuidado con lo que ven. Los feeds de menor contenido pueden ayudar a fomentar una mentalidad menos tóxica.

La participación de los padres es fundamental en este caso. Ofrezca preguntas de seguimiento: "¿Cómo fue desconectar el teléfono antes de lo habitual anoche? ¿Te ayudó?" o "¿Estás menos ansioso porque borraste esa publicación que te hizo entrar en pánico?". Ese tipo de interacción constante permite que los niños sepan que te preocupas por su bienestar a largo plazo.

Soporte profesional cuando lo necesita.

Por mucho que un padre se esfuerce, hay momentos en que los costos emocionales de las redes sociales o una enfermedad mental subyacente son demasiado para soportar en casa. Si los síntomas no mejoran, ataques de pánico, depresión, cambios radicales de conducta , entonces debe hablar con un profesional de la salud mental. El diagnóstico puede ser informado por pediatras, consejeros escolares o terapeutas familiares capacitados en cultura digital.

Trabajar con profesionales no significa que los padres fracasen . Por el contrario, demuestra que se está cuidando al niño y que se asume un papel activo en su cuidado. Las acciones tempranas pueden evitar que los pequeños problemas se conviertan en problemas mayores. También puede ser útil tener una perspectiva externa y no reactiva, en particular si las conversaciones entre padres e hijos sobre los límites de los dispositivos o los sentimientos no son agradables.

Aplicaciones y herramientas para rastrear y monitorear el tiempo frente a la pantalla .

Encontrar el camino intermedio: seguimiento versus confianza.

La tecnología puede ayudar a regular el uso de Internet por parte de los niños, pero el uso de la tecnología de vigilancia debe ser moderado y no debe afectar a la autonomía y la privacidad de los niños, especialmente durante su desarrollo. La falta de confianza puede verse perjudicada por una vigilancia abierta o una intervención brutal. Mientras tanto, una política de laissez-faire expone a los niños a materiales o prácticas tóxicas.

También hay un componente importante de edad. No es lo mismo que vigilar la tableta de un niño de cinco años o el teléfono inteligente de uno de 16. El control debe ser más abierto y colaborativo a medida que el niño crece. Por ejemplo, hable sobre el objetivo de una aplicación de control del tiempo de pantalla: "Queremos que dejes tiempo para hacer los deberes, los pasatiempos y dormir, no solo para tu teléfono".

Aplicaciones de control parental y monitorización del tiempo de pantalla

Algunos sistemas operativos (iOS, Android) tienen integrados monitores de tiempo de pantalla que indican la cantidad de horas que se pasa en cada aplicación y permiten programar el tiempo de inactividad. Los padres pueden:

- *Limitar el uso de aplicaciones* : por ejemplo, limitar el uso de las redes sociales a una hora al día. Una vez que se alcanza esa cantidad, la aplicación se cierra hasta el día siguiente, a menos que uno de los padres proporcione tiempo adicional.

- *Programar tiempo de inactividad* : apague todas las funciones excepto las necesarias (como llamar a los padres) en determinados momentos, por ejemplo, después de las 9 p. m. Esto refuerza la buena rutina e higiene del sueño.

- *Filtrar contenido* : aplicaciones como Screen Time de Apple o Google Family Link filtran sitios y descargas de aplicaciones inapropiadas según clasificaciones de edad.

Las aplicaciones de los desarrolladores (Qustodio, Bark, OurPact) brindan aún más detalles. Otras incluso notifican a los padres cuando las publicaciones de un niño contienen lenguaje explícito o abusivo. Pero hable con sus hijos sobre estos dispositivos. Si los niños saben que estas aplicaciones están diseñadas para mantenerlos seguros y no para microgestionar cada uno de sus movimientos, cooperarán.

Filtros de contenido y navegación segura

Los filtros de Internet actúan como una segunda línea de defensa contra contenido explícito o malicioso. En el caso de los niños más pequeños, es posible que se necesiten filtros más fuertes, pero en el caso de los adolescentes mayores, el bloqueo directo resulta agresivo y fomenta la evasión.

A continuación se muestran algunas formas de aplicar filtros de la manera correcta:

Niveles de edad : modificar a medida que el niño madure. Un "bloqueo para niños" podría durar hasta que el niño tenga 12 años y luego pasar a un entorno "adolescente" más abierto.

Enseñar a superar los obstáculos : si a su hijo le parece que algo le ofende, utilícelo como un momento de aprendizaje. Pregúntele qué se le ocurrió, cómo se sintió y por qué podría no ser una experiencia adecuada para su edad.

Fomentar la comunicación : asegúrate de que no se metan en problemas si notan algo extraño o hacen una pregunta por curiosidad. Quieres que se acerquen a ti en lugar de esconderse o aceptar el escepticismo de sus compañeros.

Compartir ubicación y procedimientos de emergencia.

Las aplicaciones para compartir la ubicación (como Life360) para niños mayores con teléfonos inteligentes también pueden reducir la preocupación de los padres sobre su paradero. Este tipo de aplicaciones pueden aumentar la seguridad, pero también pueden amenazar la privacidad. Los adolescentes también pueden tener miedo de que un control incesante invada su privacidad. Busque un compromiso, tal vez permitiendo compartir la ubicación solo si está solo o solo en ciertos momentos del día.

Además, establezca una lista de contactos de emergencia. Asegúrese de que su hijo sepa cómo comunicarse fácilmente con usted, un vecino o un adulto si se siente inseguro, perdido o bajo ataque, tanto en línea como fuera de línea. Asegúrese de que los números de emergencia estén guardados en su teléfono. Esto genera responsabilidad y le enseña a su hijo que el seguimiento y el intercambio de ubicación se trata de confianza mutua, seguridad y responsabilidad, no de dominación intrusiva.

Monitoreo y cambio de opciones de forma regular.

La tecnología no es estática, todo el tiempo se introducen aplicaciones, nuevas funciones y plataformas, y los hábitos de uso de tu hijo cambian con el tiempo. Crea controles periódicos para asegurarte de que las herramientas en las que has invertido sigan siendo adecuadas. ¿Los límites de tiempo frente a la pantalla son demasiado estrictos o demasiado laxos? ¿Las nuevas aplicaciones han incumplido tus reglas? ¿Los niños mayores parecen lo suficientemente mayores como para hablar de eliminar la supervisión de los padres?

Estas revisiones anuales pueden ser para toda la familia. Celebre los logros, como "Has sido puntual con tu dispositivo durante 3 meses seguidos, vamos a quitarte un poco el límite de los fines de semana" o "Hemos visto que tu tiempo frente a la pantalla aumentó desde que descubriste esta nueva aplicación. Habla sobre cómo puedes disfrutarla sin olvidarte de otras cosas". Este tipo de interacciones cooperativas mantienen intactos el respeto y los objetivos compartidos.

Fomentar una cultura familiar de apoyo

Enfatizando la comunidad y la colaboración

En la era digital, la crianza puede resultar solitaria cuando las familias intentan resolver sus problemas por sí solas. Intente formar alianzas amistosas con vecinos, amigos o familiares que compartan sus hábitos de uso de dispositivos y tiempo de pantalla. Coordinarse con otros padres (por ejemplo, programar una cita para jugar sin dispositivos o una salida familiar) ayuda a reforzar los mismos mensajes en todos los entornos.

Cuando los niños ven a otros niños haciendo lo mismo en casa, se sienten menos juzgados y excluidos. También es posible que el poder de los números surja a través de la resolución de problemas compartida, donde los padres se conocen mejor entre sí, saben qué funcionó, qué no funcionó, qué se debe evitar en las tendencias de Internet en constante cambio.

Fomentar actividades alternativas

Establecer límites digitales es importante, pero ofrecer alternativas útiles es igualmente importante. Los niños se liberarán si sienten que su único entretenimiento o contacto social es limitado. Ofrézcales muchas actividades fuera de línea para captar su interés:

- *Proyectos familiares* : Ya sea cocinar, pintar, hacer jardinería o practicar deportes, la proyección familiar fortalece los lazos familiares y reduce la adicción a las pantallas.

- *Aprendizaje basado en proyectos* : si a su hijo le interesa la tecnología, redirija ese interés hacia kits de codificación, robótica o arte digital. Así es como llegan a entender las pantallas como herramientas creativas y no solo como herramientas de entretenimiento pasivo.

- *Actividades al aire libre* : excursiones de un día, campamentos, caminatas por la naturaleza y más harán que su hijo piense por completo en la vida más allá de los dispositivos digitales.

Exponer el carácter lúdico y la satisfacción práctica que ofrecen estas opciones puede mostrar a los niños que la vida no se trata solo de desplazarse y hacer clic.

Establecer un clima de respeto y asombro

Las conversaciones sobre tecnología están inevitablemente vinculadas a valores más importantes: autocontrol, compasión, mentalidad de desarrollo y fortaleza. Las culturas familiares de mentalidad abierta permiten a los niños cuestionar, desafiar y considerar cómo las prácticas digitales moldean su identidad.

Si su hijo se queja del tiempo que pasa frente a una pantalla, pídale que explique por qué. ¿Por qué desea pasar más tiempo en línea? ¿Qué ventajas tiene para él utilizar estas plataformas? Al respetar sus opiniones, los padres pueden negociar compromisos que respeten la independencia del niño y, al mismo tiempo, garanticen límites saludables. Esto ayuda a desarrollar el respeto mutuo, los niños sienten que tienen voz y los padres muestran flexibilidad en el ámbito de la razón.

Navegando por desafíos especiales

Hogares monoparentales y familias ocupadas

También hay familias con más desafíos logísticos, hogares monoparentales, largas horas de trabajo, varios niños con diferentes necesidades. En estos entornos, el uso de dispositivos puede ser un cuidador sustituto. Los padres pueden depender de monitores para mantener a un niño distraído mientras realizan varias tareas a la vez.

Si bien es comprensible, este mecanismo de afrontamiento también puede generar un tiempo de pantalla perjudicial.

Aquí es donde entra en juego la comunidad. ¿El niño estuvo "en casa" durante una hora, dejando a sus padres haciendo recados y sin recurrir al tiempo frente a la pantalla? ¿Existe algún programa extraescolar en su localidad que reduzca el tiempo que los niños pasan en casa pegados a una computadora? El acceso a grupos sociales más amplios puede reducir el estrés de los padres y permitir relaciones más comprometidas.

Co-crianza o custodia compartida

El hecho de que los padres vivan separados también puede dificultar la fijación de los mismos estándares tecnológicos cuando cada familia tiene valores diferentes. Lo ideal es que los padres se comuniquen y acuerden un mínimo común de tiempo frente a la pantalla, tiempo sin tecnología y aplicaciones de control parental. Si surgen conflictos, abordarlos desde el punto de vista del interés superior del niño, en lugar de nuestra propia conveniencia, unifica los esfuerzos.

Ningún sistema de crianza compartida es perfecto. Puedes enseñarles a los niños que deben seguir un conjunto de reglas en casa de mamá y otro en casa de papá. Si puedes, abre el canal de comunicación, dejando que el niño avance sin enredarse entre directivas contrapuestas. Incluso cuando no es posible un consenso absoluto, la coordinación de cortesía elimina la incertidumbre y ayuda a los niños a saber que el control proviene del cuidado, no de la dominación arbitraria.

Niños con necesidades especiales

Para los niños con autismo, TDAH u otras dificultades emocionales o del desarrollo, la tecnología puede ser una bendición y una maldición. Los cursos y los mundos digitales controlados pueden ayudarle a estudiar o comunicarse. Mientras tanto, el potencial de fijación y dependencia puede aumentar, ya que las pantallas son un espacio familiar y reconfortante que a veces puede oscurecer las interacciones entre humanos.

Para los padres de niños con necesidades especiales, los terapeutas ocupacionales, los consejeros o los psicólogos infantiles son recursos útiles que comprenden el estado especial del niño y el mundo de Internet. Estos expertos también podrían sugerir intervenciones específicas, como rutinas visuales frente a la pantalla, alertas a corto plazo antes de que se apaguen los dispositivos o aplicaciones que aumenten las capacidades del niño en lugar de disminuirlas.

Mantener la esperanza y la perspectiva

La tecnología no es el enemigo del éxito.

En este libro, hemos descrito muchas maneras en las que las redes sociales y la conectividad de acceso total pueden ser un obstáculo para el desarrollo saludable de los niños. Sin embargo, la tecnología es neutral en sí misma, y esa es la lección más importante aquí. Y es la forma en que insertamos herramientas digitales en nuestra vida diaria, sin darnos cuenta, lo que puede crear desequilibrios tóxicos. Como padre, usted puede apoyar esta integración.

El objetivo no es menospreciar las pantallas, sino permitir que los niños las utilicen de forma adecuada. Si la tecnología expande la mente, proporciona conocimiento, crea amistades genuinas o estimula la imaginación, entonces se convierte en una aliada del crecimiento. Al desarrollar hábitos de uso consciente en la infancia, los padres preparan a los niños para el mundo adulto con discernimiento digital.

Aceptando el progreso incremental

Ningún padre puede transformar el estilo de vida de su familia en cuanto a dispositivos de la noche a la mañana. Las soluciones rápidas darán como resultado el cumplimiento de las normas, pero solo un cambio temporal. Para crear hábitos digitales saludables, hay un proceso evolutivo, de ensayo y error, fracasos y victorias. Los niños pueden sobrepasar los límites, especialmente si las restricciones parecen repentinas. Incluso los padres pueden no ser capaces de seguir las reglas que ellos mismos crean.

El éxito es la constancia, la amabilidad y la adaptabilidad. Si algunos métodos no funcionan, como una "desintoxicación digital" semanal y esto provoca rabietas, modifique los métodos en consecuencia. Tal vez algunos descansos diarios o un sistema de compañeros en el que los hermanos se responsabilicen mutuamente. Lo importante es seguir jugando, anclados en el objetivo común de un uso responsable y saludable de la tecnología que no dañe a los niños.

Cómo preparar a su hijo para el futuro

El mundo digital está cambiando a un ritmo vertiginoso. Los sitios de moda de hoy pueden dejar de funcionar dentro de cinco años y ser reemplazados por nuevos sitios, aplicaciones o dispositivos. Al centrarse en valores clave (respeto, compasión, disciplina) y habilidades clave (pensamiento crítico, autogestión emocional, establecimiento de límites saludables), los padres preparan a sus hijos para un panorama tecnológico en constante evolución.

Si salen de sus padres como adolescentes o adultos jóvenes, aprendiendo a alejarse de la pantalla cuando lo necesitan, a manejar las tensiones en línea, a detectar contenido inadecuado y a usar los dispositivos para el bien, estarán listos para lidiar con las plataformas futuras que apenas podemos imaginar. De esta manera, cada línea divisoria, cada conversación sobre salud mental, cada momento de modelado consciente, todo contribuye al propósito final: preparar a los niños para la vida digital y el potencial que presenta.

Los padres son los protectores de la salud digital

Ser padres nunca ha sido fácil, pero el crecimiento vertiginoso de las redes sociales y la tecnología digital ha aumentado los riesgos. Los padres ya no solo se preocupan por la seguridad física o el éxito académico; deben estar atentos, ser flexibles y comprensivos para ayudar a los niños a aprender a vivir conscientemente en el mundo digital.

Al modelarlo a su manera, los padres nos muestran que la tecnología nos beneficia solo si tiene un propósito, no implica involucrarnos y refleja nuestros valores. El diálogo transparente y regular sobre la salud mental y los flujos emocionales de las redes sociales proporciona a los niños una válvula de seguridad crucial. Entienden que las emociones , en particular las atrapadas en la identidad digital, la comparación y la mirada pública, no se pueden reprimir, sino que se pueden comunicar en un entorno abierto de confianza. Y, por último, al proporcionar herramientas y aplicaciones que pueden monitorear y regular el tiempo frente a la pantalla, los padres refuerzan los límites en torno a la adicción digital sin utilizar nunca una estrategia agresiva o represiva.

Las dificultades que supone criar a los hijos en un mundo globalizado no son imaginarias, sino potenciales. Todo lo que hace un padre, desde enseñarse a apagar el teléfono en la mesa familiar hasta hablar con un adolescente sobre su fobia a las redes sociales o instalar una aplicación que le quita tiempo con espíritu de cooperación, contribuye a que sea más fácil llevar una vida más equilibrada. Con el tiempo, estas intervenciones ayudan a los niños a llegar a la edad adulta con una idea compleja de cómo funciona la tecnología: que reconocemos su fuerza, sus beneficios y sus peligros.

En los siguientes capítulos, continuaremos profundizando en soluciones concretas y formas colaborativas para ayudar a los niños a navegar por el laberinto digital. Pero por ahora, solo recuerda que sigues siendo un padre y que, incluso en un mundo tecnológico en evolución, las virtudes de la compasión, la justicia y el respeto nunca pierden su atractivo. Si combinas estos valores con las herramientas prácticas a tu disposición, estarás listo para ayudar a tu hijo no solo a sobrevivir, sino también a prosperar en el mundo de las redes sociales , a ser un adulto experto en tecnología con gracia, propósito y responsabilidad.

Capítulo 12: Las escuelas como aliadas

Los padres son los responsables de evitar que sus hijos se acostumbren a usar demasiado las redes sociales, pero también tienen una red de apoyo fuera de casa: la escuela. Desde la escuela primaria hasta la secundaria, las escuelas y las universidades son determinantes importantes de las conductas y los hábitos de vida de los niños en Internet. Cuando las escuelas colaboran con las familias, si se enseña alfabetización mediática en el aula, si se fomenta el trabajo colaborativo sin pantallas, si se aplican políticas que reducen el acoso cibernético y el uso excesivo de la tecnología, los beneficios se extienden a comunidades enteras.

En este capítulo se analiza cómo las escuelas pueden ser socios tan fuertes para los padres que los estudiantes puedan tomar decisiones sobre la vida en línea de manera más responsable y segura. A modo de ejemplos y recomendaciones de políticas, exploraremos cómo una instrucción exhaustiva sobre alfabetización mediática, alternativas de aprendizaje sin pantallas y un sólido apoyo al bienestar de los estudiantes pueden fortalecer a nuestros hijos contra los demonios de las redes sociales, al mismo tiempo que les dan una ventaja en el juego.

Incorporación de la alfabetización mediática en los planes de estudio

Alfabetización mediática: ¿qué importancia tiene?

La alfabetización mediática no es solo para las clases de lengua o estudios sociales. Fundamentalmente, la alfabetización mediática enseña a los estudiantes a utilizar habilidades de pensamiento crítico para decidir la legitimidad de la información en línea, detectar la publicidad y las tácticas de los influencers y distinguir los hechos de las opiniones. Estas habilidades críticas son especialmente importantes cuando nuestros hijos crecen con tantos mensajes digitales (ya sea en las redes sociales o en un anuncio en video).

La esencia de la alfabetización mediática es que permite a los estudiantes preguntarse qué es real en línea, distinguir entre historias sensacionalistas y detectar titulares manipulados (es decir, imágenes de clickbait o deepfake). En lugar de confiar en cada titular o afirmación viral, los estudiantes expertos en medios saben cómo verificar los hechos, usar múltiples fuentes y emitir juicios racionales. Esa capacidad no solo favorece el éxito académico, sino que también promueve la autonomía y la resiliencia de los niños en línea.

Transferencia de la alfabetización mediática de una asignatura a otra

En lugar de una lección de alfabetización mediática de un día o una semana de "ciudadanía digital", las escuelas progresistas están diversificándola en distintas disciplinas. Por ejemplo:

- *Artes del lenguaje* : puedes hacer que los estudiantes revisen publicaciones en redes sociales o artículos y verifiquen si hay sesgos, tono y si estás escribiendo sobre hechos o no.

- *Historia/Estudios Sociales* : Muestre a los niños cómo solía ser la propaganda y en qué se diferencia del engaño en línea actual, para que puedan ver que las tácticas de persuasión evolucionan.

- *Ciencia* : Las lecciones de salud y tecnología pueden abordar los efectos de las redes sociales en el cerebro y utilizar investigaciones publicadas para enseñarle por qué las aplicaciones se vuelven adictivas.

- *Arte y Diseño* : Los talleres pueden abordar el papel de las imágenes (mensajes, logotipos, infografías) en la conciencia pública. Hay escuelas en las que los estudiantes pueden incluso escribir sobre sí mismos, su yo ético y estético.

Los educadores no se limitan a desempolvar la alfabetización mediática con ella, sino que señalan cómo se puede aplicar en la vida diaria. Y los estudiantes aprenden que la alfabetización mediática no es sólo para un examen, sino para su sentido de lugar en el mundo y para su forma de interactuar en línea, incluso sobre hasta qué punto se consideran un ejemplo de los simulacros infinitos de las redes sociales.

Fomentar la iniciativa estudiantil

La alfabetización mediática no consiste únicamente en proteger a los niños de la mala información, sino en producir lo que puedan disfrutar, con dignidad también. También se les pueden asignar proyectos en los que escriban blogs, vídeos cortos o infografías y tengan que parafrasear, confirmar hechos y reflexionar sobre a quién se están dirigiendo. De este modo, los niños no sólo adquieren integridad, sino que también la viven.

Este tipo de tareas también confirma las inclinaciones digitales innatas de los estudiantes. Y los educadores no tienen por qué desechar YouTube, TikTok o las comunidades de juegos como si fueran polvo. Las escuelas, al apoyar de palabra algo que a los niños ya les encanta, están convirtiendo dudosas "pérdidas de tiempo" en oportunidades para la innovación y la creatividad. Los padres dicen que si las escuelas piensan en las redes sociales como algo que se puede discutir, no como algo que se puede decir en público, los niños tendrán muchas menos probabilidades de conectarse a Internet y abusar de ellas.

Fomentando proyectos colaborativos que no dependan de pantallas

El caso de la cooperación offline.

Si bien la tecnología puede, por supuesto, abrir nuevas oportunidades de aprendizaje (pensemos en los motores de búsqueda, los documentos de equipo y las simulaciones), las escuelas no siempre se centran lo suficiente en el aprendizaje fuera de línea. Los proyectos grupales sin pantallas pueden ser un puente social y de desarrollo en una era en la que los estudiantes hablarán más con sus compañeros en chats de texto que cara a cara.

Existen algunas habilidades sociales clave que se refuerzan en las actividades presenciales: negociación, empatía, gestión de conflictos y análisis del lenguaje corporal. No son habilidades que se puedan reproducir si se trabaja solo en línea. Los jóvenes que trabajan fuera de línea suelen tener más conexión y participación emocional, porque la sala requiere la atención del grupo. Además, el desapego de las pantallas libera los ojos y el cerebro de los estudiantes para recargarse en el silencio del resplandor y el tictac del acceso las 24 horas del día, los 7 días de la semana.

Ejemplo 1 de colaboraciones de pantalla gratuitas.

Las escuelas pueden hacer muchas cosas para lograr que los niños pasen menos tiempo frente a las pantallas sin sacrificar el aprendizaje:

1. **PBL en el mundo ¡** El aprendizaje basado en proyectos (PBL) como realmente lo conoces!

- Es posible que los estudiantes construyan su propio patio trasero en el campus y puedan buscar plantas, medir las parcelas y poner cronómetros como equipo. Es posible que busquen ayuda sobre horticultura en Internet, pero la mayor parte del trabajo (y el trabajo de tierra, las negociaciones y la contabilidad) se realiza fuera del campus.

- Las clases de estudios sociales pueden tener un ayuntamiento imaginario. Cada estudiante se encuentra en una situación (alcalde, concejal, ciudadano preocupado) y todos los estudiantes deben colaborar para pensar en soluciones a problemas ficticios del vecindario . Es un lugar donde se desarrollan habilidades lingüísticas y de resolución de problemas sin necesidad de presentaciones de diapositivas ni foros.

2. **Colaboraciones artísticas**

- Los estudiantes de secundaria podrían reunirse para crear murales enormes de lo que leyeron sobre historia o ciencia. Pensar, pintar, dibujar, hacer el trabajo conduce a la colaboración, a la creación y a la sensación de haber hecho algo.

- Los estudiantes de secundaria o preparatoria podrían hacer obras de teatro o musicales en vivo. En este tipo de proyectos también se utiliza tecnología digital, citas de guiones, música electrónica, etc., pero el ensayo, la improvisación y la retroalimentación en vivo son la base de todo.

3. **Deportes de equipo y desafíos físicos**

- Aunque el atletismo puede no parecer algo relacionado con el estudio, puede estar lleno de lecciones de vida sobre trabajo en equipo, liderazgo y autodisciplina. La escuela también puede tener algún tipo de evento deportivo de corta duración o actividad física en grupo que estimule todo el cuerpo y el trabajo colectivo, para inculcar a los niños que no todas las formas de cooperación adecuadas deben basarse en una pantalla.

Con estas y otras prácticas, las escuelas crean universos en miniatura en los que los niños se ven unos a otros como si existieran esencialmente sobre el terreno. Esta moderación no destierra la tecnología, sino que pone de relieve que el mejor entorno de aprendizaje es aquel en el que lo digital está respaldado por el aprendizaje, no absorbido por él.

Barreras al comportamiento sin pantallas: ¿Qué hacer?

A otros les preocupará que cerrar los dispositivos cuando se trabaja en grupo pueda perjudicar injustamente a los estudiantes que utilizan tecnología de asistencia digital. La solución es la adaptación inteligente, la inclusión. Por ejemplo, los niños podrían necesitar acceder a tecnologías de asistencia si son ciegos o tienen problemas de audición, pero se puede diseñar el proyecto como sensorial, táctil, para que nadie se aburra con las pantallas.

También hay obstáculos administrativos: recursos financieros, una cultura de exámenes en la que se valora la información digital instantánea y un imperativo interno de demostrar que la escuela es experta en tecnología. Estos obstáculos generalmente se superan con la colaboración de padres, maestros y administradores. Los hechos, una mayor alineación social, menos tiempo frente a la pantalla, más tiempo dedicado a la tarea, podrían convencer a los responsables de las políticas de que las iniciativas saludables sin pantallas no son una forma de mirar hacia atrás, sino de enseñar en el siglo XXI.

Apoyo a las políticas escolares contra el acoso y el abuso cibernético

Las políticas proactivas deben ser políticas activas

El acoso cibernético, la adicción a las pantallas y los problemas de salud mental relacionados con las redes sociales no son problemas familiares . Son problemas escolares. Un estudiante agobiado por el bombardeo de Internet podría no ser capaz de concentrarse en clase. Otro que se pasa toda la noche en la escuela llegará holgazán y aburrido. Por lo tanto, las escuelas deberían promover políticas para mitigar estos impactos y apoyar el bienestar digital.

Las políticas escolares más seguras pueden establecer restricciones periódicas para los dispositivos durante las clases o los recreos, y pueden indicar a los profesores qué hacer si alguien ha sido víctima de acoso cibernético, y que los administradores, los consejeros y los padres deben trabajar juntos en caso de necesidad. Pero, a menos que las reglas sean imposibles de romper, los buenos profesores y directores pueden mostrarse indefensos o inconsistentes, y los niños quedan desprotegidos y los padres indignados.

Disposiciones de la Política Modelo

Un código de conducta digital escolar podría decir algo como esto:

1. **Periodos de uso definidos**

- La política podría marcar los horarios en los que se pueden usar teléfonos inteligentes, tabletas o computadoras portátiles: "Los teléfonos inteligentes se pueden usar antes de la escuela, durante el almuerzo y después de la escuela en ciertas áreas, pero no en los pasillos o las aulas a menos que un maestro permita su uso con fines educativos. Por ejemplo.

- Al asignar un bloque de tiempo para los dispositivos, las escuelas desalientan las visitas sin previo aviso, por casualidad. Advierten, no excomulgan.

2. Mecanismos de denuncia del acoso cibernético

- Las escuelas pueden establecer canales de denuncia anónimos (formulario en línea, línea telefónica, buzón de correo del consejero) donde los niños pueden cargar capturas de pantalla o relatos detallados de acoso en línea.

- Deben existir procesos de seguimiento definidos para esta política: quién verifica estas acusaciones, cuándo y cuáles son las sanciones disciplinarias. Igualmente importante es ofrecer asistencia a las víctimas, ya sea mediante asesoramiento o reprogramación para que se mantengan alejadas del agresor.

3. Consecuencias de las infracciones

- La retribución no debería ser la única opción, sino educar a los niños sobre lo que sucederá si abusan o hacen mal uso de ellos repetidamente (como bloquear el acceso al Wi-Fi de la escuela o quitarles los teléfonos durante el horario escolar).

- En caso de acoso cibernético, el castigo puede ir desde reprimendas verbales hasta reuniones con los padres o incluso la suspensión, si el acoso persiste. Al hacer públicas estas actividades, se crea regularidad y se eliminan a los posibles acosadores.

4. Intervenciones educativas

- No hay margen para el crecimiento de las políticas que solo se basan en el castigo. Una buena idea sería que los estudiantes que violan las políticas tecnológicas asistan a sesiones de responsabilidad digital, escriban sobre sus acciones o realicen un servicio comunitario que implique trabajo de empatía.

Fomentar la participación de las partes interesadas

Las políticas digitales no siempre son fáciles de implementar si los profesores, los padres y los niños no están de acuerdo sobre cómo implementarlas. Por lo tanto, las mejores escuelas en este sentido son aquellas en las que hay mucha conversación comunitaria:

- **Asociaciones de padres y maestros (PTA)** : las conferencias en las que los padres se informan sobre las nuevas amenazas digitales (las nuevas aplicaciones a las que los adolescentes son adictos) están conectando a todos. Las PTA pueden presionar para lograr políticas más estrictas o más detalladas y llegar a aquellas familias que podrían necesitar una medida adicional (por ejemplo, terapia, límites tecnológicos).

- Liderazgo estudiantil : Solicitar a los líderes estudiantiles que desarrollen reglas para que obtengan más aceptación. Los niños comprenden las camarillas en las redes sociales, cómo se acosa a las personas en línea, qué reglas son demasiado estrictas o una excusa. Pueden ayudar a desarrollar políticas para que se implementen y funcionen.

- Talleres y asambleas : Reúna a expertos (psicólogos, embajadores de seguridad digital, policías familiarizados con el mundo cibernético) para iniciar conversaciones en toda la escuela. Se enseña a los estudiantes los efectos prácticos del uso nocivo de Internet y a los docentes cómo prevenirlo.

Cómo preservar el impulso de los cambios de política

La política debe ponerse al día con la tecnología si quiere perdurar en el tiempo. Se pueden realizar revisiones anuales en las que la administración reciba comentarios de la comunidad escolar sobre cómo está funcionando la política. Tal vez sean los artículos que anuncian nuevos fallos, la proliferación de aplicaciones de corta duración (como algunas aplicaciones de mensajería instantánea) o el surgimiento de un fenómeno de Internet que promueva hábitos imprudentes.

Las reglas no resisten la prueba del tiempo porque cambiamos constantemente los manuales, la formación de los profesores y la orientación de los estudiantes. Este tipo de proceso inextricable indica que la escuela está avanzando hacia la mejora en lugar de cumplir con un requisito básico. Si los padres sienten que la dirección de la escuela se toma en serio la salud y la seguridad digitales de sus hijos, esa escuela es un lugar más seguro y es un lugar que debe valorarse especialmente cuando surge una crisis (ciberacoso masivo o un incidente de acoso en línea).

Colaboración con las escuelas para lograr un efecto a largo plazo

En casa y en el aula.

El cambio sólo funciona cuando cuenta con el apoyo de la familia y la escuela. Por ejemplo, cuando los padres quieren limitar el tiempo que un alumno de secundaria pasa frente a la computadora por la noche, un maestro que comprenda esa aspiración podría posponer la tarea que implique una investigación exhaustiva en línea o asignarle alguna otra lectura fuera de línea. Un correo electrónico o una llamada telefónica podrían ser el pegamento, que atraiga al personal de la escuela para cualquier inquietud o hito especial, como el niño que simplemente enciende su dispositivo consciente todas las noches.

No solo eso, sino que los profesores, al darse cuenta de que un estudiante pasa demasiado tiempo con el teléfono o sufre debido a las redes sociales, pueden alertar a los padres con anticipación. La pérdida de calificaciones o el llanto en clase son todos indicios de problemas que están ocultos en casa. La asistencia y la cortesía son una póliza de seguro para todos los estudiantes.

Programas e iniciativas de voluntariado.

Y los padres héroes que quieren que sus hijos sean saludables en el aspecto tecnológico pueden apoyarlos o ser voluntarios en la escuela. Tal vez la escuela necesite unas cuantas manos extra para organizar un festival de un día sin conexión, o un pequeño presentador que haga una presentación rápida en una reunión de padres sobre las implicaciones emocionales de las redes sociales. A través de sus palabras, los padres pasan de ser receptores sacrificiales a agentes activos y a una cultura institucional de mansedumbre y preocupación en línea.

Las escuelas podrían incluso hacer que los padres de alumnos que se dedican a la informática, la salud mental o el marketing realicen talleres para los alumnos, como un taller sobre tácticas de decodificación de influencia, por ejemplo, o un panel sobre ciberseguridad. Estas formas pragmáticas de ver las cosas iluminan los ojos de los alumnos y les revelan que estos no son solo problemas en el aula, sino también en todos los demás aspectos de la vida adulta moderna.

Celebrando historias de éxito

Si eres una escuela que va a invertir su tiempo en alfabetización mediática, educación sin pantallas y buenas políticas, es mejor que les des premios, grandes y pequeños. Tal vez un maestro de aula esté más feliz después de una tarea sin teléfono. O un bebé supera el acoso escolar con la ayuda de los consejeros escolares y amigos. Este tipo de narraciones, en las asambleas, en el boletín escolar y en el sitio web de la escuela, alimenta el impulso y enseña a los estudiantes los beneficios tangibles de la colaboración.

Lo mismo ocurre con las recompensas que incentivan a otros a innovar y sostienen el flujo. Y una vez que los padres y los maestros están seguros de que las soluciones beneficiosas funcionan, es mucho más probable que las adopten o jueguen con ellas. Y, con el tiempo, estudios de casos como este pueden convertirse en una forma de crear una cultura de uso responsable de la tecnología en la identidad de la escuela.

Mirando hacia el futuro: las escuelas como líderes comunitarios

Los esfuerzos que realizan las escuelas para abordar los desafíos que plantean las redes sociales no se producen en el vacío. A medida que los niños se convierten en adolescentes y, finalmente, en adultos, los hábitos que adquirieron en sus años de formación influirán profundamente en la forma en que manejan el estrés, las relaciones y la autoimagen. Al promover la alfabetización mediática, la colaboración fuera de línea y fuertes protecciones contra el acoso y el uso excesivo, las escuelas actúan como faros de ciudadanía digital responsable.

Cuando este tipo de valores se inculcan en las escuelas, se difunden. Estos hábitos de cortesía y uso de la computadora se trasladan con los estudiantes a las amistades, las familias y, finalmente, al trabajo. Son los millennials del mañana, hijos adultos que no solo aprenden a usar la tecnología, sino que la usan con atención.

La fuerza de la esperanza y la acción grupal

Los padres pueden sentirse desgarrados por el bombardeo de distracciones y amenazas digitales. Sin embargo, las escuelas pueden asegurarnos que no están solas. Si todos trabajamos juntos, padres, maestros, administradores y estudiantes, es totalmente posible lograr una sociedad más equilibrada y colaborativa.

Las clases de alfabetización mediática pueden ayudar a enseñar a los niños a pensar por sí mismos, a no aceptar noticias inventadas y a respetar las diferencias. Los proyectos sin pantallas y las actividades colaborativas les despiertan los placeres de la interacción física y la creatividad de los proyectos de la vida real. Y las políticas eficaces construyen barreras que eliminan las tentaciones de la verificación constante de llamadas o el discurso de odio en Internet. Lo que surge es una cultura escolar que respeta el uso de la tecnología y minimiza cuidadosamente sus daños.

Aprovechar la comunidad en general

Las escuelas tienen una oportunidad especial de influir en el gobierno, las pequeñas empresas y los grupos comunitarios. Por ejemplo, la presión del director para que los estudiantes pasen más tiempo frente a una pantalla puede impulsar a una biblioteca pública a planificar más eventos físicos con actores en vivo. O una campaña exitosa contra el acoso cibernético en una escuela secundaria que logre que los concejales locales adopten un consejo asesor de adolescentes para luchar contra el acoso en los foros comunitarios.

Las escuelas, las familias y la comunidad en general pueden transformar las culturas. Por lo tanto, en lugar de ver las redes sociales como el filtro por el que se debe filtrar toda la vida adolescente, la sociedad podría comenzar a promover una mayor variedad de prácticas sociales y educativas, algunas en línea, otras fuera de línea, todas conscientes.

Si los padres tienen que luchar día a día contra la adicción al teléfono o contra el sufrimiento que supone el acoso en línea, tal vez deban tenerlo en cuenta. Pero las escuelas pueden ser unos aliados formidables, instituciones que pueden codificar la educación en alfabetización mediática, promover una colaboración sana y no basada en dispositivos y defender políticas que mantengan a los estudiantes a salvo del acoso en línea. En colaboración con los padres y las partes interesadas de la comunidad, las escuelas pueden ir más allá de su función tradicional de centros de instrucción académica y convertirse en modelos de ciudadanía digital saludable.

De manera reflexiva e inclusiva, las escuelas preparan a nuestros niños para desafiar a Internet, tener encuentros genuinos con el mundo y luchar contra la atracción de la estimulación permanente en línea. A medida que se desarrollan estas lecciones, los estudiantes aprenden muchas habilidades para la vida que les durarán hasta bien entrada la edad adulta. Y así, las escuelas no solo están produciendo resultados de exámenes; están creando futuros, preparando una era capaz de navegar por el paisaje digital con gracia, compasión y resiliencia duradera.

Capítulo 13: Una visión para el futuro

Este libro nos ha ayudado a comprender los riesgos psicológicos y de desarrollo que conlleva pasar demasiado tiempo frente a una pantalla y a aprender formas prácticas y empáticas de utilizar más la tecnología digital en la dirección correcta. Hemos explorado todos los temas, desde cómo establecer límites en casa y entender la neurología de la adicción digital hasta cómo trabajar con escuelas y profesionales para asegurarnos de que nuestros hijos tengan la mejor vida en un mundo conectado. Mientras nos preparamos para unir todos estos hilos, miremos hacia el futuro.

En este último capítulo antes del final, imaginamos un mundo en el que el uso de la tecnología incorporada sea la nueva normalidad en toda la familia, la escuela y la comunidad. Es una visión construida sobre tres pilares principales: fomentar una cultura digital consciente, recuperar la vitalidad de las actividades y pasatiempos al aire libre, y movilizar a los vecinos y las instituciones para abordar el problema a gran escala. Mientras lee, recuerde que **ya ha recopilado un arsenal de herramientas y perspectivas prácticas** a lo largo de estos capítulos. Por más abrumadores que puedan parecer a veces los desafíos de las redes sociales, *su amor, compasión e interés genuino en el bienestar de su hijo serán las fuerzas guía que marcarán la diferencia* .

Construyendo una cultura de uso consciente de la tecnología

Redefiniendo la "normalidad" en el hogar

Gran parte del poder para dar forma a las normas digitales del mañana reside en las pequeñas decisiones que tomamos a diario en casa hoy. Cada vez que elegimos silenciar nuestros teléfonos durante la cena, entablar conversaciones abiertas sobre salud mental o invitar a nuestros hijos a realizar una actividad fuera de línea con nosotros, estamos reforzando el mensaje: "Eres más importante que cualquier dispositivo".

Este cambio no se produce de la noche a la mañana, sino que se van acumulando pasos graduales hasta formar una nueva línea de base. Imaginemos que nuestro hijo crece en un hogar en el que es habitual que todos dejen de lado los dispositivos durante determinadas horas, o en el que los memes en línea suscitan conversaciones familiares más profundas sobre la manipulación de los medios. Con el tiempo, estas microprácticas crean un entorno en el que la conectividad digital sigue siendo importante, pero no eclipsa las relaciones cara a cara ni la reflexión personal.

Fomentar la responsabilidad individual

Como padres, es posible que se pregunten cómo evitar que sus hijos vuelvan a caer en viejos hábitos, especialmente cuando están lejos de casa. Ahí es donde entra en juego la responsabilidad individual. A través de un modelo a seguir y un diálogo constante, los padres pueden enseñar a sus hijos a estar atentos a sus propias señales emocionales: "¿Me siento ansioso porque pasé demasiado tiempo navegando por la pantalla?" o "¿Debería dejar de jugar ahora, antes de que interrumpa mi sueño?".

Cuando los niños aprenden a autocontrolarse, la necesidad de un control rígido disminuye. Esta conciencia de sí mismos les servirá durante toda la vida, ayudándolos a establecer límites personales en todo, desde las redes sociales hasta otros aspectos de la vida adulta. Si bien no se puede microgestionar cada momento de su día, fomentar su sentido de autonomía garantiza que lleven la semilla del uso consciente de los medios digitales dondequiera que vayan.

Aprovechar los aspectos positivos de la tecnología

Crear una cultura tecnológica consciente no significa demonizar los dispositivos. Si enseñamos a los niños que toda la tecnología es mala, es posible que desestimen por completo nuestras recomendaciones, especialmente cuando crezcan y vean los beneficios obvios de ciertas aplicaciones, herramientas y plataformas de aprendizaje. En cambio, podemos destacar los elementos constructivos de la tecnología:

podcasts educativos, plataformas de arte digital, tutoriales de programación o incluso foros bien moderados donde los niños puedan intercambiar ideas creativas.

Cuando los niños comprenden que la tecnología se puede aprovechar para la innovación, la colaboración y el crecimiento personal, y no solo para obtener emociones fugaces o una validación superficial, desarrollan una perspectiva equilibrada. Es más probable que respeten el poder y el potencial de la tecnología, en lugar de abusar de ella o rechazarla por miedo.

Fomentar las actividades y pasatiempos al aire libre

Dejando espacio para las pasiones fuera de línea

En un mundo saturado de estímulos digitales, es fácil que los niños (y los adultos) olviden la emoción de las experiencias que ocurren completamente fuera de línea. Ya sea practicar un deporte, pintar un paisaje, hacer jardinería, hacer senderismo, construir maquetas o simplemente tumbarse en el césped y contemplar el cielo, estas actividades estimulan diferentes partes del cerebro y fomentan la creatividad, la resiliencia y el asombro.

Uno de los antídotos más eficaces contra el uso excesivo de las redes sociales es reavivar el interés genuino por las actividades del mundo real. Imagínese cómo se le iluminan los ojos a su hijo cuando descubre que puede aprender a tocar la guitarra, preparar una nueva receta o cuidar un pequeño huerto. Estos pasatiempos fuera de línea pueden convertirse en una fuente de satisfacción que rivaliza o supera la fugaz oleada de "me gusta" en una foto.

Integrando el aire libre en la vida diaria

Animar a tu hijo a pasar tiempo al aire libre no solo reduce la exposición a las pantallas, sino que revitaliza la mente y el cuerpo. La exposición regular a entornos naturales puede reducir los niveles de estrés, mejorar la concentración e incluso despertar nuevas curiosidades. Una sencilla tradición familiar como una caminata vespertina, visitas de fin de semana a un parque local o paseos cortos en bicicleta en familia fomenta una sensación de normalidad en torno a las actividades al aire libre.

Además, estas experiencias compartidas fortalecen los lazos familiares. El recuerdo de una caminata matinal en medio de la niebla o un divertido día de observación de aves puede tener una huella emocional más profunda que las horas que se pasan navegando en silencio. Incluso si solo se dispone de un pequeño patio o de un espacio verde cercano, el contacto constante con la naturaleza, por modesto que sea, ofrece un contrapeso firme al ritmo incesante del mundo digital.

Encontrar o formar grupos de pares

Los niños suelen seguir el ejemplo de sus compañeros. Si todos los demás están pegados a los teléfonos, puede resultar socialmente aislado no estarlo. Por el contrario, si un círculo de amigos disfruta de juegos de mesa, aventuras en bicicleta o trabajo voluntario juntos, esas actividades fuera de línea se convierten en la nueva norma social. Busque o cree estos círculos:

- **Clubes de barrio** : organice reuniones informales donde los niños puedan practicar deportes o hacer proyectos de arte en el patio de alguien.

- **Clases comunitarias** : inscriba a su hijo en cursos basados en sus intereses locales (cocina, artes marciales, teatro de improvisación), donde conocerá a compañeros que también valoran las actividades activas del mundo real.

- **Grupos específicos según pasatiempos** : si a su hijo le encantan las novelas de fantasía, por ejemplo, puede encontrar o iniciar un grupo de lectura que se reúna fuera de línea para debates y sesiones de escritura creativa.

Cuando las comunidades offline prosperan, el uso digital se vuelve naturalmente más equilibrado. Los niños ya no dependen únicamente de las redes sociales para conectarse con sus amigos porque la colaboración y el juego en tiempo real se vuelven más gratificantes.

Cómo las comunidades pueden trabajar juntas para enfrentar esta epidemia

El poder colectivo de las alianzas

Como habrás podido comprobar en los capítulos anteriores, los problemas que plantea el uso excesivo de las redes sociales no se limitan a un solo hogar o escuela, sino que afectan a toda la comunidad. Afortunadamente, los esfuerzos colectivos suelen producir los cambios más radicales. Cuando los gobiernos locales, las empresas, las escuelas y los grupos de padres colaboran, pueden implementar políticas y programas más amplios que refuercen normas digitales más saludables para todos los niños.

Un ejemplo podría ser una "Semana comunitaria sin pantallas", en la que los restaurantes participantes ofrezcan descuentos a las familias que guarden sus teléfonos durante las comidas, las bibliotecas organicen eventos especiales que celebren la interacción cara a cara y las escuelas reduzcan las tareas que requieren herramientas digitales. Estas iniciativas pueden generar conciencia y generar conversaciones que trasciendan la influencia de un solo hogar.

Aprovechamiento de espacios y eventos públicos

Las comunidades también pueden invertir en espacios públicos que fomenten la participación fuera de línea. Tal vez su ciudad o municipio pueda mejorar los parques locales con estructuras de juego interesantes o mantener canchas de baloncesto bien iluminadas para partidos informales por la noche. Cuanto más atractivas sean estas comodidades, más fácil será para las familias elegir una salida al aire libre en lugar de otra noche de Netflix o de juegos.

Además, los eventos locales, los mercados de agricultores, las ferias de arte y los festivales de temporada ofrecen a las familias la oportunidad de sumergirse en la vida comunitaria. El voluntariado en estos eventos conecta aún más a los niños con sus vecinos y fomenta un sentido de pertenencia que puede mitigar el impulso de buscar la validación únicamente de sus pares en línea.

Campañas de promoción de políticas y educación

Si bien las normas para el hogar y las políticas escolares son un comienzo crucial, las leyes y directrices regionales o nacionales también pueden frenar el uso excesivo de las pantallas. Por ejemplo, algunos municipios están estudiando la posibilidad de aprobar ordenanzas que regulen la colocación de pantallas publicitarias en zonas para jóvenes o directrices que limiten la cantidad de datos que se pueden recopilar de los menores en línea.

Las organizaciones de padres y los ciudadanos interesados pueden abogar por estas medidas asistiendo a reuniones públicas, escribiendo cartas a los representantes o formando coaliciones locales. Junto con la legislación, las campañas educativas como las que abordan cuestiones de salud pública pueden cambiar las percepciones sociales. Pensemos en las campañas que destacan la importancia del "receso digital" y animan a las familias a reservar intervalos diarios sin dispositivos.

Cuando las comunidades se alinean en torno a un conjunto de valores compartidos, como la prioridad del bienestar mental y las relaciones cara a cara, el cambio cultural resultante puede ser profundo. Los niños ya no sienten que están librando una batalla solitaria contra una ola digital que los consume por completo; en cambio, descubren una red más amplia de adultos y compañeros que los apoyan y comparten la búsqueda del equilibrio.

Un futuro colectivo de esperanza

Los padres como el corazón de la solución

En estos capítulos, hemos profundizado en el papel fundamental de los padres como modelos a seguir, fijadores de límites y pilares emocionales. Aprendió a establecer pautas sobre el tiempo que se pasa frente a una pantalla, a iniciar conversaciones difíciles sobre la salud mental, a colaborar con las escuelas y a buscar el apoyo de la comunidad. Si bien cada situación es única, el amor y la compasión siguen siendo los pilares constantes de un cambio significativo.

Recuerde que, por muy exhaustiva que parezca una estrategia, es probable que requiera ajustes. Los niños crecen, las tecnologías evolucionan y las circunstancias cambian. El hecho de que usted se preocupe profundamente por guiar a su hijo a través de estas turbulentas aguas digitales lo coloca a la vanguardia. La imperfección es parte de la paternidad, pero el interés y el esfuerzo genuinos basados en la empatía a menudo superan cualquier paso en falso.

Convertir los desafíos en momentos de aprendizaje

Uno de los mayores regalos que un padre puede ofrecer es la capacidad de replantear los desafíos como momentos de aprendizaje. Un niño pegado a un teléfono en la mesa, una discusión acalorada sobre los privilegios de Internet o una crisis emocional desencadenada por un drama en línea pueden ser puntos de partida para el crecimiento. Aborde estos incidentes con curiosidad y compasión:

- **Pregunte** : ¿Qué necesidad o emoción subyacente podría estar alimentando este comportamiento?

- **Escuche** : Deje que su hijo diga su verdad, incluso si al principio parece mezquina o irracional.

- **Colaborar** : Intercambiar ideas sobre soluciones en conjunto "¿Podríamos llegar a un acuerdo y tener cenas sin teléfonos, pero permitiendo más tiempo de juego los fines de semana?"

- **Reflexionar** : después de que se calme el polvo, analicen lo que cada uno aprendió sobre sí mismo y cómo manejar situaciones similares de manera diferente en el futuro.

Al transformar el conflicto en colaboración, los padres modelan la resiliencia, la comunicación y las habilidades de resolución de problemas que los niños necesitan en la edad adulta, tanto en línea como fuera de línea.

Mantener el impulso hacia la conclusión

A medida que nos acercamos al final de este libro, considere el progreso que ya ha logrado simplemente al interactuar con estas ideas y herramientas. Ha explorado la ciencia detrás del atractivo de las redes sociales, ha identificado los roles de las escuelas y las comunidades y ha establecido estrategias para mantener una vida digital más armoniosa en el hogar. Cada pequeño paso que da, ya sea establecer un nuevo límite, fomentar un pasatiempo fuera de línea o tener una conversación sincera sobre el estrés frente a las pantallas, fortalece este impulso.

El capítulo final unirá estos hilos, ofrecerá un resumen completo y reforzará el mensaje central: si bien la tecnología evoluciona, los principios básicos de empatía, presencia y amor siguen siendo atemporales. Verá cómo, con enfoques consistentes pero flexibles, puede guiar a su hijo y a usted mismo hacia una relación más saludable con el mundo digital.

Reflexiones finales: amor, compasión y conexión humana

Por encima de todo, recuerda que la crianza de los hijos no es una ciencia exacta, sino un tapiz tejido a partir de tus valores, instintos y experiencias. Cometerás errores, y tu hijo también. La influencia de las redes sociales puede resultar abrumadora a veces, pero tienes más poder del que crees. El amor, la compasión y el interés genuinos que muestras por la vida cotidiana de tu hijo pueden superar el canto de sirena de una pantalla luminosa.

Ninguna aplicación, juego o plataforma social puede reproducir la calidez de una conversación sincera, la alegría de una broma compartida o el consuelo de unos brazos que te apoyan en momentos de angustia. Si eliges conectarte continuamente de maneras reales y tangibles, ya sea a través de aventuras al aire libre, tradiciones familiares o actividades comunitarias, le afirmas a tu hijo que es valioso por lo que es, no solo por la persona que presenta en línea.

Nuestra cultura necesita desesperadamente familias que encarnen este espíritu de uso consciente de la tecnología y de compromiso humano genuino. Al concluir este penúltimo capítulo y llegar pronto al final, esperamos que lleve consigo una renovada sensación de esperanza y confianza. Las herramientas están en sus manos, pero lo más importante es que tiene el corazón para manejarlas. Al final, es su amor inquebrantable lo que guiará a su hijo hacia un futuro en el que la tecnología sea un aliado útil, en lugar de una fuerza consumidora, y donde los vínculos de la familia y la comunidad triunfen sobre cualquier distracción digital.

Conclusión. Iluminando el camino a seguir

Estimado padre, el viaje que hemos emprendido juntos a través de las complejidades del impacto de las redes sociales en el desarrollo infantil, las relaciones familiares, los sistemas educativos y los esfuerzos comunitarios culmina aquí, en lo que esperamos que sea una rotunda reafirmación de la esperanza. Usted ha aprendido que, si bien nuestro panorama digital moderno puede plantear desafíos, también ofrece vías para el crecimiento, la conexión y la colaboración. Quizás lo más importante es que ha descubierto y alimentado su profunda capacidad como padre para guiar a su hijo hacia una relación más sana y equilibrada con la tecnología.

En este capítulo final, hagamos una pausa y celebremos el camino recorrido. Recordemos cómo nos sentíamos antes de pasar estas páginas, preocupados, tal vez incluso temerosos, por el futuro de nuestro hijo en un mundo saturado de pantallas. Ahora, al llegar a este nuevo umbral, tenemos conocimientos adquiridos con mucho esfuerzo y un renovado sentido de autonomía. Este capítulo es un testimonio del hecho de que el amor, la compasión y la dedicación paternal siguen siendo, incluso en la era digital, los guardianes más fuertes del destino de nuestro hijo.

Aferrándose a la esperanza en un mundo cambiante

La crianza de los hijos en entornos en rápida evolución

Ser padre en el siglo XXI requiere que no solo se enfrente a los desafíos eternos del desarrollo infantil, guiando el crecimiento emocional de su hijo, cultivando valores y alimentando la curiosidad, sino también a las demandas en constante cambio de la tecnología digital. Aplicaciones que no existían hace seis meses pueden dominar de repente la esfera social de su hijo, y las tendencias que parecían estables pueden desaparecer en un abrir y cerrar de ojos.

Sin embargo, en lugar de ver este cambio como una amenaza insuperable, ha comenzado a verlo como un entorno fluido donde su adaptabilidad, sus habilidades de comunicación y su apoyo emocional pueden realmente brillar. Las estrategias y perspectivas que ha adquirido aquí perdurarán, incluso a medida que las plataformas y las tendencias tecnológicas se transformen. Porque en el centro de cada capítulo estaba la revelación de que los niños necesitan un amor fuerte y emocionalmente sólido, límites seguros, empatía y orientación más que cualquier dispositivo o aplicación.

El papel de la presencia de los padres

Si hay un hilo conductor entre las innumerables sugerencias y estrategias que hemos explorado, es la importancia de estar realmente presente en la vida de su hijo. Ya sea estableciendo un tiempo de pantalla adecuado para su edad, modelando un uso respetuoso de los dispositivos o interviniendo cuando surgen preocupaciones sobre el acoso o la ansiedad, su presencia mental, emocional y física constituye la base de la confianza.

Recuerde esto: ninguna medida paternal es más poderosa que su interés inquebrantable en las experiencias, los sueños y los reveses diarios de su hijo. Los niños que saben que pueden acercarse a sus padres para que los escuchen y comprendan de verdad tienen muchas menos probabilidades de verse arrastrados a los rincones más oscuros de las redes sociales, porque ya cuentan con un punto de referencia confiable en el mundo real.

Reflexionando sobre las herramientas que posees ahora

Establecer límites con confianza

Los capítulos anteriores te brindaron métodos prácticos para establecer límites saludables en torno a la tecnología. Tal vez hayas establecido zonas libres de dispositivos en casa, determinado pautas de tiempo de pantalla adecuadas para cada edad o reconocido el valor de las conversaciones abiertas sobre la salud mental. Al aplicar estas pautas, has comenzado a ver que los límites no solo tienen que ver con la restricción, sino con definir un espacio para la conexión genuina, la imaginación y el descanso.

Por ejemplo, una mesa sin dispositivos no es simplemente una regla. Es una invitación a descubrir lo que su hijo aprendió en la escuela, reírse de un incidente divertido de su día o intercambiar historias sobre los recuerdos favoritos de cada uno. Estos momentos encienden una corriente de comprensión mutua que puede ayudar a la familia a superar las inevitables tormentas de la vida, ya sean digitales o de otro tipo.

Defendiendo el bienestar mental y emocional

La mente y el corazón de su hijo no están separados de sus actividades en línea; el uso de las redes sociales e Internet puede moldear (y ser moldeado por) los estados emocionales. Reconocer esta conexión le ha permitido tener diálogos abiertos y sin prejuicios sobre el estrés, la ansiedad, las comparaciones en línea y más.

Aquí aprendiste el valor de registrarte, no solo sobre lo que hace tu hijo en su dispositivo, sino también sobre cómo se siente. Tienes el lenguaje para abordar los miedos y las vulnerabilidades:

- "Está bien sentirse ansioso cuando ves publicaciones que te preocupan. Te estás perdiendo algo".

- "¿Crees que seguir a ese influencer podría estar dañando tu autoestima?"

- "¿Cómo podemos manejar este conflicto sin dejar que te arruine el día?"

Su disposición a escuchar sin regañar ni menospreciar es exactamente lo que valida las experiencias de su hijo, dándole permiso de aprender de los errores en lugar de ocultarlos.

Colaboración con escuelas y comunidades

Los capítulos sobre la participación escolar y la colaboración comunitaria ilustraron cómo la misión de una sola familia encaja en un entramado más amplio. Las políticas contra el acoso cibernético, los programas de alfabetización digital y los eventos del vecindario que fomentan el juego fuera de línea son catalizadores potentes. Nos recuerdan que la salud de nuestros hijos no es solo un asunto individual; es un proyecto comunitario.

Ahora está preparado para impulsar estas iniciativas más allá de las paredes de su hogar. Puede compartir sus ideas en una reunión de la Asociación de Padres de Familia, ofrecerse como voluntario para dirigir un taller local o unirse a otros padres para abogar por mejores políticas digitales en las escuelas. Al extender su voz hacia el exterior, amplía el círculo de protección y conciencia, y garantiza que su hijo y muchos otros se beneficien de un cambio colectivo hacia la atención plena.

Aceptando la imperfección y la flexibilidad

El mito del padre perfecto

Uno de los temas centrales que hemos revisado con delicadeza es que ningún padre, maestro o directivo puede diseñar por sí solo un entorno impecable. Las imperfecciones persistirán, al igual que los errores tecnológicos, la presión de los compañeros e incluso los momentos de rebelión por parte de su hijo. Sin embargo, estos obstáculos no anulan el progreso que está logrando. El deseo genuino de ayudar a su hijo a sortear los desafíos digitales supera con creces cualquier paso en falso ocasional en la ejecución.

Cuando te liberas del mito de la perfección, le das espacio a tu hijo para que aprenda junto a él. Puedes darle un ejemplo de humildad al admitir: "Pensé que esta política de no usar el teléfono sería fácil de seguir, pero yo también tengo dificultades" o "Probemos algo diferente porque nuestra regla actual no parece funcionar". Estos momentos enseñan a los niños que la resolución de problemas es un proceso continuo, guiado por la sinceridad en lugar de un control rígido.

Adaptación al crecimiento de su hijo

Las necesidades de su hijo evolucionarán desde la infancia hasta la adolescencia y más allá. Una técnica que fue eficaz para un niño de nueve años puede resultar obsoleta para uno de 14 años. Es posible que deba renegociar los límites digitales a medida que su hijo ingrese a nuevos círculos sociales o etapas académicas.

Este enfoque fluido no es un defecto, sino un reconocimiento de que la autorregulación de los niños, sus intereses en línea y sus demandas sociales cambian con el tiempo. Cuando te adaptas con elegancia y hablas con ellos sobre cada transición, fortaleces su sentido de iniciativa y respeto, y les enseñas que el cambio es natural y se puede solucionar mediante el diálogo y la colaboración.

Reafirmando el amor y la conexión como núcleo

El poder eterno del amor

La tecnología avanza a una velocidad vertiginosa, pero el amor es eterno. Hace cien años, los padres expresaban su amor a través de tareas compartidas, cuentos para dormir y sacrificios personales. Ahora, se combinan esos mismos impulsos con giros modernos, como controlar el tiempo que pasan frente a la pantalla o explicar los peligros de un influencer en línea. La esencia permanece inalterada: el compromiso de los padres de cuidar, proteger y guiar.

Cada vez que se sienta abrumado por el torbellino de aplicaciones, algoritmos y contenido digital, vuelva a esta sencilla verdad: su vínculo con su hijo, basado en el amor y la compasión, es mucho más duradero que cualquier tendencia de las redes sociales. Ninguna función del teléfono ni actualización de la plataforma puede reemplazar la presencia afectuosa de un padre.

Cultivando un refugio emocional seguro

Los niños prosperan cuando el hogar se convierte en un santuario donde pueden estar libres de preocupaciones, donde pueden expresar sus miedos, compartir sus emociones y recibir consuelo en sus decepciones. Las decisiones que tome, ya sea escucharlo durante una crisis o priorizar constantemente las interacciones cara a cara, le indican a su hijo que lo acepta incondicionalmente.

Cuando los niños experimentan esta seguridad emocional, están mejor preparados para manejar las presiones externas, incluidas las de las redes sociales. Una autoestima sólida, moldeada por el calor de los padres, resulta menos susceptible a la montaña rusa de los "me gusta" y los comentarios. Además, un niño que se siente escuchado y querido en casa tiene más probabilidades de reflejar esa empatía en línea, tal vez al enfrentarse al acoso cibernético o al practicar la amabilidad en los espacios digitales.

Imaginando el futuro que su hijo merece

Una generación de navegantes empoderados

Imagine que su hijo y toda una generación crecen con la capacidad de aprovechar la tecnología de manera responsable. Usan las redes sociales para celebrar logros personales, forjar amistades significativas y aprender de comunidades globales, todo ello sin dejarse consumir por sus ciclos adictivos. Desarrollan habilidades de pensamiento crítico que les ayudan a ver más allá de la desinformación, mostrar empatía en línea y alejarse de las plataformas digitales cuando llega el momento de centrarse en las alegrías de la vida real.

No se trata de una fantasía utópica. Mediante una orientación constante de los padres, escuelas que brinden apoyo y una participación reflexiva de la comunidad, podemos criar niños que sean ciudadanos digitales compasivos y conscientes de sí mismos. Seguirán lidiando con las complejidades de la vida, como el desamor, la decepción o el estrés académico, pero tendrán la resiliencia para enfrentar estos desafíos sin refugiarse ciegamente en sus dispositivos.

Esperanza en tiempos de incertidumbre

Sí, habrá nuevas oleadas de tecnología: cascos de realidad virtual que harán que las redes sociales parezcan tridimensionales, chatbots de inteligencia artificial que podrían convertirse en sustitutos sociales u otras innovaciones que ni siquiera podemos imaginar hoy. Cada avance plantea nuevas preguntas sobre cómo afectará las relaciones, la salud mental y la identidad.

Sin embargo, los principios que ha cultivado (la comunicación afectuosa, el establecimiento reflexivo de límites y el respeto por el bienestar mental y emocional) seguirán siendo relevantes. Pueden aplicarse una y otra vez a cada nueva invención o moda digital. De esta manera, su legado como padre se extiende más allá de lo inmediato; inculca en su hijo la capacidad de abordar lo desconocido con sabiduría y confianza.

Próximos pasos prácticos: terminar con una nota empoderadora

Resumiendo su kit de herramientas

Para cerrar, recapitulemos algunas de las herramientas y mentalidades clave que tienes ahora:

1. **Concienciación sobre alfabetización mediática** : al enseñar a los niños a analizar el contenido en línea para identificar sesgos, desinformación y tácticas manipuladoras, los equipa para navegar en las redes sociales con discernimiento.

2. **Límites y rutinas saludables** : desde horarios o zonas sin dispositivos hasta aplicaciones que establecen límites, estos límites sirven como andamios protectores que garantizan que la tecnología siga siendo una herramienta y no un maestro.

3. **Diálogos abiertos sobre salud mental** : normalizar las conversaciones sobre estrés, ansiedad y dudas sobre uno mismo fomenta la resiliencia. Cuando los niños pueden expresar su vulnerabilidad sin miedo, son menos propensos a buscar una validación malsana en Internet.

4. **Asociación con las escuelas y la comunidad** : interactuar con educadores, formuladores de políticas y otros padres teje una red de seguridad más amplia alrededor de su hijo, alineándolo con compañeros que comparten valores similares sobre el uso de la tecnología.

5. **Modelar el uso equilibrado de los dispositivos** : Al reconocer que sus hábitos preparan el terreno para los de su hijo, se ha comprometido a realizar una autorreflexión,

asegurándose de que lo que hace hable tan alto como lo que dice.

Tienes motivos para sentirte orgulloso de este enfoque integral y equilibrado. No se trata solo de restringir el uso de las redes sociales, sino de guiar a tu hijo hacia una interacción sana y con un propósito.

La evolución continua de los padres

Las herramientas que tienes no son estáticas; las perfeccionarás a medida que las circunstancias cambien. Una política de no usar dispositivos que funciona de maravillas para un niño de diez años puede necesitar ajustes para un estudiante de secundaria que hace malabarismos con actividades extracurriculares. Cada vez que cambias de rumbo, cada vez que reevalúas, practicas el espíritu adaptativo que define la crianza exitosa.

Si alguna vez dudas de tu capacidad o encuentras resistencia, recuerda la verdad fundamental: eres el mejor aliado de tu hijo y tu compasión constante significa más que cualquier tendencia digital pasajera. Al mantenerte informado, flexible y conectado, predicas con el ejemplo y demuestras que ser humano, con todas sus imperfecciones y triunfos, supera con creces cualquier avatar o perfil en importancia.

Celebrando cada pequeña victoria

Una nota final: celebre las pequeñas victorias que logre en el camino. Tal vez una noche su hijo elija poner el teléfono en el cargador antes de acostarse sin que se lo pida. O mencione una ocasión en la que resistió la tentación de revisar las redes sociales durante la clase. Puede que parezcan pequeñas, pero reflejan las semillas de conductas saludables y autorreguladas que están floreciendo.

Estos momentos nos recuerdan que los niños pueden crecer y adaptarse de maneras que ni siquiera ellos mismos esperaban. Permítete sentirte animado por estos destellos de progreso. Deja que inspiren más diálogo y aliento, reforzando el ciclo positivo de confianza mutua y apertura emocional.

Un último abrazo de amor y posibilidad

Al final de nuestra exploración, descanse en una verdad: usted siempre ha tenido, y seguirá teniendo, el poder de moldear el destino digital de su hijo. Su compasión y compromiso forman un vínculo inquebrantable que puede guiarlo de manera segura, incluso en medio de los paisajes en línea más tentadores o confusos.

El mundo está cambiando, pero el amor sigue existiendo. El futuro puede ser incierto, pero la amabilidad, la empatía y el contacto humano nunca perderán su importancia. Cada día, elige amar a tu hijo de las maneras que importan: escuchándolo, estableciendo los límites necesarios, compartiendo risas y lágrimas, y alimentando su curiosidad y confianza.

Espero que este libro no solo te sirva para aprender estrategias para gestionar el uso de las redes sociales, sino también para adquirir una convicción más profunda de que tu papel como padre es realmente importante. Tú eres la puerta de entrada al corazón de tu hijo, mostrándole que lo valoras tal como es, más allá de cualquier personaje digital.

Así pues, avance con valentía y fe en su propia capacidad de guiar, proteger y empoderar. La última palabra no es la de una finalidad, sino la de una creación continua: un recordatorio de que cada día ofrece una nueva oportunidad para dar forma a la relación de su familia con la tecnología. Confíe en sus instintos, refine sus enfoques y tome de la mano a su hijo mientras recorre el camino de una conexión consciente y amorosa tanto en línea como fuera de ella.

Que las lecciones aprendidas en estas páginas te sirvan como un fiel compañero, arrojando luz sobre lo que realmente importa: el vínculo irreemplazable entre tú y tu hijo, un vínculo más fuerte que cualquier pantalla, más duradero que cualquier tendencia digital. Al cerrar este libro, siente la calidez de la esperanza y el amor que te llevarán siempre hacia adelante.

Apéndices

Recursos sugeridos para padres y educadores

1. **Libros y artículos**

    o   *Criando humanos en un mundo digital* por Diana Graber: ofrece estrategias prácticas y conversaciones para ayudar a los niños a desarrollar un uso ético y seguro de la tecnología.

    o   *La gran desconexión* de Catherine Steiner-Adair, EdD: examina cómo la tecnología altera la vida familiar y sugiere formas de preservar conexiones significativas.

    o   Artículos académicos seleccionados de organizaciones como la **Academia Estadounidense de Pediatría (AAP)** y **Common Sense Media** a menudo brindan investigaciones y pautas actualizadas sobre el tiempo frente a la pantalla y el desarrollo infantil.

2. **Sitios web y plataformas en línea**

    o   **Common Sense Media** (commonsensemedia.org): ofrece reseñas de aplicaciones, juegos y películas según la edad; también ofrece ideas para planes de estudios de alfabetización digital.

o **Centro de Medios y Salud Infantil** (cmch.tv): comparte información basada en evidencia sobre la influencia de los medios en la salud infantil.

o **ConnectSafely** (connectsafely.org): incluye guías para redes sociales, consejos sobre configuraciones de privacidad y recursos para educadores.

3. **Organizaciones profesionales**

o **Asociación Estadounidense de Psicología (APA)** : publica artículos sobre la salud mental de los niños, el uso de la tecnología y las estrategias de afrontamiento.

o **Sociedad Internacional de Tecnología en Educación (ISTE)** : ofrece marcos y estándares de aprendizaje para integrar la tecnología de manera responsable en entornos educativos.

B. Lista de verificación para la creación de un plan de bienestar digital para familias

1. **Evaluar los hábitos actuales frente a las pantallas**

   o Realice un seguimiento del uso diario del dispositivo de cada miembro de la familia (por ejemplo, a través de las funciones de tiempo de pantalla integradas).

   o Ten en cuenta qué aplicaciones o juegos consumen más tiempo y si son productivos o puramente de ocio .

   o Analice los impactos emocionales (estrés, ansiedad, FOMO) asociados con los patrones de uso actuales.

2. **Establezca límites claros y realistas**

   o Establecer zonas libres de dispositivos (por ejemplo, la mesa del comedor, los dormitorios después de cierta hora).

   o Decida límites de tiempo de pantalla diarios o semanales según la edad y el nivel de madurez de cada niño.

   o Programe actividades familiares fuera de línea (noches de juegos, caminatas al aire libre) a las que todos se comprometan a asistir sin dispositivos.

3. **Fomentar la comunicación abierta**

   o Organice una reunión familiar para explicar por qué es esencial el uso consciente de los dispositivos.

- o Anime a los niños a compartir sus perspectivas y abordar cualquier inquietud o ansiedad sobre la reducción del tiempo frente a la pantalla.

- o Acuerde un proceso para revisar y ajustar estas reglas a medida que los niños crecen y las circunstancias cambian.

4. **Crea rutinas saludables**

- o Identifique horas específicas "desconectadas" cada día (por ejemplo, treinta minutos antes de acostarse).

- o Incorpore "descansos digitales" periódicos (por ejemplo, un día o fin de semana sin conexión cada mes).

- o Ayude a los niños a descubrir intereses significativos fuera de línea (deportes, arte, lectura, voluntariado) para equilibrar la vida digital.

5. **Utilice herramientas de monitoreo y soporte**

- o Instale aplicaciones de control parental o de tiempo de pantalla (por ejemplo, Apple Screen Time, Google Family Link) para establecer límites de uso.

- o Enseñe a los niños mayores a controlar su propio tiempo frente a la pantalla para que aprendan a autorregularse.

    o   Mantenga abiertas las líneas de comunicación: recuérdeles que se trata de su bienestar, no de espionaje ni castigo.

C. Enlaces a lecturas adicionales y organizaciones de apoyo

- **Blog para padres de Common Sense Media**
https://www.commonsensemedia.org/blog
Ofrece artículos oportunos sobre aplicaciones de tendencia, consejos de bienestar digital y guías familiares sobre comportamiento seguro en línea.

- **Instituto de Seguridad Familiar en Línea (FOSI)**
https://www.fosi.org
Proporciona recursos, actualizaciones de políticas internacionales e investigaciones sobre las mejores prácticas para la protección infantil en línea.

- **Academia Estadounidense de Pediatría: Niños y medios de comunicación**
https://www.healthychildren.org/English/media
Presenta declaraciones de políticas, pautas recomendadas

sobre el tiempo frente a la pantalla y herramientas prácticas para la salud pediátrica.

- **Centro de investigación sobre acoso cibernético**
  https://cyberbullying.org
  Proporciona artículos, resultados de investigaciones y estrategias de intervención para educadores, padres y estudiantes que enfrentan problemas de acoso cibernético.

- **Línea Nacional de Prevención del Suicidio (EE. UU.)**
  https://suicidepreventionlifeline.org / Teléfono: **988**
  Un recurso fundamental si los problemas de salud mental se intensifican. Ofrece apoyo de emergencia, intervención en situaciones de crisis y recursos comunitarios.

(Nota: Los lectores que se encuentren fuera de los EE. UU. deben consultar las líneas directas y servicios de salud mental locales).

Nota final : cada familia es única y es natural modificar estos recursos o adaptar la lista de verificación para satisfacer necesidades específicas. El objetivo es mantener un enfoque proactivo y positivo, centrándose en la comunicación abierta, la empatía y un compromiso compartido para fomentar un entorno digital equilibrado para cada niño.

Notas:

Notas:

Jordan C. Harper